苏州"党史文化"丛书

苏州党史人物春秋

王琛 编著

古吴轩出版社

图书在版编目（CIP）数据

苏州党史人物春秋 / 王琛编著. — 苏州：古吴轩
出版社, 2014.12（2021.6重印）
　（苏州"党史文化"丛书）
　ISBN 978-7-5546-0383-3

　Ⅰ.①苏…　Ⅱ.①王…　Ⅲ.①中国共产党—历史人物
—生平事迹—苏州市　Ⅳ.①K820.853.3

中国版本图书馆CIP数据核字（2014）第291914号

责任编辑：洪　芳
见习编辑：陆九渊
装帧设计：苏世相
责任校对：陈　盼
责任照排：郑丙浩

书　　名：**苏州党史人物春秋**
编　　著：王　琛
出版发行：**古吴轩出版社**
　　　　地址：苏州市八达街118号苏州新闻大厦30F　　邮编：215123
　　　　电话：0512-65233679　　　　　　　　　　传真：0512-65220750
出 版 人：尹剑峰
印　　刷：苏州市越洋印刷有限公司
开　　本：787×1092　1 / 16
印　　张：12
字　　数：100千字
版　　次：2014年12月第1版
印　　次：2021年6月第5次印刷
书　　号：ISBN 978-7-5546-0383-3
定　　价：48.00元

如有印装质量问题，请与印刷厂联系。0512-68180628

目　录

引　言

　　苏州地处长江三角洲太湖之滨，建城历史悠久；以苏州城为中心的江南地区经济发达，文化昌盛，素以人才辈出、风物清嘉而著称。中国进入近代社会以来，鸦片战争和太平天国运动都对苏州的发展有着很大的影响。随着近代工业企业的创办、对外开埠、维新运动和地方自治运动的相继发生，苏州社会发生了全方位的变化。辛亥革命前后，苏州知识界的民族民主革命活动日趋活跃，苏州人民的反帝爱国运动和农民斗争风起云涌，从各个方面推动着资产阶级民主革命形势的发展。苏州邻近中国共产党的诞生地——上海，中共早期一些革命家十分关注这座江南名城，从五四运动开始，他们和苏州追求进步的知识分子一起，积极传播以马克思主义为主要内容的新思想、新文化；在中国共产党正式成立以后，及时地在苏州地区建立起党的地方组织，从而揭开了苏州革命史新的一页。

　　人杰地灵的苏州，孕育了一批优秀的共产党人；全国以及江苏省党史上的一些重要人物，也曾经在苏州留下了永不磨灭的奋斗踪迹；他们的经历已成为中共苏州地方史的重要内容。《苏州党史人物春秋》一书所介绍的这些人物，是新民主主义革命时期与苏州地方党史有关的部分重要人物。其中有的是中国共产党的著名领导人，他们涉及苏州的革命活动，为苏州革命史增添了绚丽的光彩；有的是为人民献身的革命英烈，他们可歌可泣的斗争经历，为我们树立了不朽的丰碑；有的是苏州革命时期地方党组织的负责人，他们为苏州人民的解放事业所做的贡献，永远值得我们铭记；有的是中共党史上的知名人士，他们在苏州的足迹，从一个侧面或一个角度反映了那个时代的历史真面目。

中国共产党成立以来的奋斗史，是一部生动的政治教科书。用党的光辉历史教育党员、干部、群众，资政育人，是党史工作服务党和国家大局的根本任务。历史，是人所创造的。研究党的历史，必须研究党史人物。《苏州党史人物春秋》一书致力挖掘和留存苏州党史人物的史料，研究和宣传他们的事迹，是很有意义的一件事。愿该书的出版，能使广大读者，尤其是青少年多了解和熟悉一点中国共产党在苏州的历史，多了解和熟悉一点苏州党史中的人物，从党的光辉历史和党史人物身上吸取营养和力量，得到借鉴和启示，为振兴中华，为把苏州建设得更加美好而共同努力奋斗。

恽代英在苏州的革命活动

恽代英（1895—1931），早期中国共产党人中一位颇负盛名的革命家、青年运动领袖，为了中国人民的革命事业，奉献出全部的力量和自己的生命。中国共产党成立以后，恽代英多次到苏州活动，传播马克思主义，发动革命斗争，在苏州留下了永载史册的足迹。

恽代英原籍江苏武进，生于湖北武昌，早年求学和革命的实践都始于湖北。他毕业于武昌中华大学，是湖北新文化运动的主将、湖北五四运动和早期共产主义运动的杰出领导人。1921 年中共建党，他是最早的党员之一。

1923 年时年 28 岁的恽代英来到上海，不久被选为中国社会主义青年团中央委员，负责宣传工作，创办和主编《中国青年》。恽代英以其饱满的热情、生动的文章和卓有成效的工作，启蒙和教育了广大青年，使他们走上革命的道路。与此同时，他兼在中共主持的上海大学任教，并当选为少年中国学会第五届评议员。

1923 年 10 月 24 日，少年中国学会在苏州留园举行年会，恽代英到苏州参加了这次会议。少年中国学会是由李大钊等人

恽代英

联合各方面的有志青年筹建起来的群众性进步团体，正式成立于 1919 年 7 月。毛泽东、恽代英、邓中夏、张闻天等都曾经参加了这个团体，全国会员曾达百人。学会的宗旨是："本科学的精神为社会活动，以创造少年中国。"学会提倡奋斗、实践、坚忍、俭朴。会员大部分直接参加了五四运动，对五四运动起到了帮助和推动的作用。学会会员的身份相当复杂，思想也极不相同。有的会员主张开展现实的爱国或救国活动，其中信仰共产主义的会员要推动学会向革命团体的方向发展；有的会员坚持学会还是要以学术研究及联谊为主，而不以行动为目的。

参加少年中国学会苏州年会的有陈启天、杨效春、邓中夏、恽代英、刘仁静、左舜生、杨钟健等 17 人。会上，围绕拟订宣言和纲领，以邓中夏、恽代英等为代表的左派对以左舜生、杨效春等为代表的右派展开了激烈的争论。会议最后通过了由恽代英起草的《少年中国学会苏州大会宣言》。《宣言》明确主张："决然一致以求中华民族的独立相号召，务以打倒国际帝国主义势力、还我自由为目的，同人等为求此目的，决定同人的任务为到青年中去，以鼓吹预备而切实进行民族独立的运动事业。"学会的纲领为"反对帝国主义的侵略"、"打倒军阀肃清政局，提倡国民自决主义"、"提倡民族性的教育"、"提倡青年为民族独立运动，为各种切实有效的社会服务"等。会议否定了右派的错误主张，坚持号召青年投身社会革命的正确立场。当时中国社会动荡复杂的政治环境使学会成员分化进一步加剧，少年中国学会于 1925 年夏解体。

古城苏州给恽代英留下了深刻的印象。苏州是距上海最近的城市，也是中国近代工业发展较早的城市，中共早期一些著名的革命家均重视在苏州开辟党的工作。从1923年冬开始，恽代英多次到苏州进行演讲活动，传播革命和进步的

早期宣传马克思主义的革命书刊

思想。1924年初，他应苏州第一工人俱乐部之邀，到苏进行演讲。1925年初，苏州国民会议促进会成立，他又应邀到会演讲。1925年4月4日，苏州各界人士3000余人在公共体育场举行孙中山追悼会，恽代英再次到苏州参加大会并发表演讲，号召苏州民众继承中山先生的未竟之业，继续进行国民革命。

后来担任南京大学校长的匡亚明当时是江苏省立第一师范学校（现苏州中学的前身）的学生，他在怀念恽代英的一篇文章中写道：

我和恽代英同志是1925年暑假前后认识的。那时我还是一个不满20岁的小青年，在苏州第一师范学习。恽代英同志以国民党员身份到学校演讲，我通过接待他的机会和他交谈认识，并建立了通信联系。通信中，代英给我这个青年人以极深的教育。

现在一提到他的名字，我脑子里就浮现出一个生动的形象：瘦小个子，灰布窄袖大褂，清秀的脸庞上，戴着一副度数很深的眼镜。讲话声音洪亮，咬字清晰。演讲时喜欢用长句，有时一句话连续数十字，铿锵有力，鼓动力很强。

我记得代英同志到苏州一师做过多次演讲，有时萧楚女同

志也同时来。……通过这些演讲，当时的一师学生很多人参加了革命的国民党。这时国民党还是秘密的，北洋军阀孙传芳把国民党也说成是"赤党"，严厉镇压，抓到了轻则坐牢，重则杀头。

1925 年 9 月中共苏州独立支部成立以后，恽代英又多次到苏州，指导党的工作，并以党支部所在地乐益女中为落脚点，在该校及公园图书馆等处进行反帝反封建的宣传活动。恽代英为苏州人民的革命事业做出了重要的贡献。

1925 年，恽代英在上海参与领导了震惊中外的五卅运动，随后去广州担任黄埔军校政治主任教官、中共党团书记。在第一次国共合作破裂，即大革命失败后，他参与组织和领导了南昌起义、广州起义。1929 年 6 月在党的六届二中全会上他被选为中央委员。1930 年 5 月 6 日恽代英在上海被国民党当局逮捕。恽代英被捕后，自称武昌失业工人，化名王作霖，没有暴露真实身份，最后被判 5 年徒刑。1930 年 8 月 27 日，恽代英被押到苏州的江苏第三监狱囚禁。次年春，转押南京江东门中央军人监狱。在狱中，他留下感人肺腑的诗篇：

浪迹江湖忆旧游，故人生死各千秋。

已摒忧患寻常事，留得豪情作楚囚。

正在周恩来等人设法将他营救出狱之时，原中共中央政治局候补委员、特科负责人顾顺章被国民党抓获叛变，检举指认了被捕的恽代英。面对敌人的威逼利诱，恽代英坚贞不屈，大义凛然，于 1931 年 4 月 29 日英勇就义。

参考文献：

1. 匡亚明：《关于恽代英烈士的一些情况》，载《雨花台革命烈士斗争纪实》，江苏少年儿童出版社，1983 年版。

2. 中共苏州市委党史工作办公室：《中共苏州地方史第一卷》(1919—1949)，中共党史出版社，2001 年版。

3. 李良明、钟德涛：《恽代英年谱》，华中师范大学出版社，2008 年版。

秦邦宪与苏州五卅运动

　　秦邦宪(1907—1946)，又名博古，20 世纪 30 年代初曾担任中国共产党的主要领导人，是中共党史上的重要人物。青年秦邦宪在苏州求学期间，积极参加了苏州的五卅运动，并为苏州这场声势浩大的反帝爱国斗争留下了难得的文字记载。

　　秦邦宪出生于无锡的一个书香世家。在无锡小学毕业后，1921 年9 月他考入苏州的江苏省立第二工

青年秦邦宪

业专科学校(简称二工)。苏州、无锡由于邻近上海，当时很多宣传新文化、新思想的刊物在青年学生中广泛流传，一些革命刊物《向导》、《新青年》、《民国日报》副刊《觉悟》等最受欢迎。秦邦宪到苏州进入二工读书后，有机会接触到这些进步刊物，深感耳目一新。中共一些著名革命家恽代英、萧楚女等到苏州的学校进行演讲，宣传革命思想，激励青年进步，更是给予秦邦宪很大的影响。他开始关心国家大事，为中华民族的兴亡而担忧，经常和同学在一起议论政局形势，抨击反动官吏腐败无能，探讨强国富民的途径。不久，他成为上海、无锡等地青年学生自发组成的进步团体"孤星社"的一员。1924 年初，无锡籍的外埠学生又组织成立进步团体"锡社"，宗旨是"提高

邑民常识，促进无锡社会生活"。他又成为锡社苏州委员会（支部）的负责人。秦邦宪在苏州与上海、无锡等地与志同道合的爱国青年进行广泛联系，推动学生运动，不仅提高了革命觉悟，还增强了组织才能。在校时，他由同学介绍加入了国民党和共青团，担任二工学生会的负责人，并代表二工参加苏州市学生联合会。

1925 年 5 月 30 日，上海发生了震惊中外的五卅惨案，帝国主义的血腥镇压，激起了中国人民的极大愤怒。在中共领导下，一场反对帝国主义的爱国运动，迅速席卷全国。5 月 31 日晨，中共党员、国民党江苏省党部秘书长姜长林，受恽代英、侯绍裘派遣，从上海赶到苏州传达

五卅路纪念碑

党的指示。姜长林与在苏州的叶天底、潘志春、许金元和秦邦宪等中共党员、团员取得联系，向他们介绍了五卅惨案的经过，要求发动苏州人民迅速行动起来，支援上海人民的反帝爱国斗争。秦邦宪正患肺病，但他毅然不顾自己的身体，立即投入到紧张繁忙的活动之中。当天下午，在秦邦宪和同学的联络下，苏州学联在北局青年会召开紧急会议，当即决定让全市学校马上罢课，并组织集会和示威游行，大力声援上海工人的正义斗争。在次日二工的集会上，秦邦宪带病登台演讲，大声疾呼向

帝国主义讨还血债，由于情绪激昂，当场口吐鲜血，到会师生为之十分感动。6月2日，苏州20余所学校2000多人汇聚体育场举行反帝大游行，秦邦宪仍坚持参加。爱国学生走上街头，散发传单，并进行支援上海工人的募捐。秦邦宪还在青年会主持了学联募捐的开罐仪式。在中共党团员和爱国人士的共同努力下，苏州市成立了由工人俱乐部、学联、教育会和总商会等团体组成的各界联合会，支援上海的声势越来越大。五卅运动影响深远，使苏州人民经受了一次革命斗争的洗礼。

秦邦宪由于病情日重，不得已在 6 月中旬返回无锡家中休养。但他不安于病榻，满怀激情撰写文章，继续用笔参与斗争，成为无锡进步刊物《血泪潮》的重要作者。他仿佛依然置身于苏州学生的反帝爱国行动中，在《血泪潮》发表了《病榻琐记——五卅惨案苏州运动中之几节片断回忆》：

就是刚才忽然得到一个万分紧急的消息说，上海在今天下午 6 时忽然发生一个空前惨案，为国牺牲、肝脑涂地的烈士，有十余人之多，一条繁杂而华丽的南京路，也同我床前盈尺之地一样，遍染了血色。不过南京路的血色，是表现我中国未有之民族自决的色泽的。

想着上海流血的惨事，帝国主义的假面具一概打破了，轩辕黄帝以来的五千余年的国家，或将沦于真正殖民地的地位。

意想及之，热血如沸，披衣起坐，欲拔剑起舞。

字里行间，充满了作者忧国忧民的悲壮情怀。该文记载了苏州五卅运动前期的一些真实情况。

翌日上午，集会公共体育场，到二十余校，学生二三千人。

旌旗招展，精神磅礴，真苏州未有的盛况！最足以钦佩的，是乐益女子中学的同学，个个精神饱满，步伐整齐，而口中却不绝的喊着"打倒英日帝国主义"、"收回司法权"、"援助上海失业工人"、"废除不平等条约"和其他刺人耳鼓的精短演说。革命态度的热烈，为国为民的精神，吾人睹之，亦觉多愧。

这天，旭日临空，熏人欲昏，青草细柳，亦憔悴欲亡，而我们男女同学都能走几十里路不稍懈怠，民气的激昂，青年的热血，中国的复兴，其赖于是！

这些由一位18岁的青年以亲身经历所写下的文字，已成为记录苏州五卅运动的珍贵史料。

1925年6月末，秦邦宪病情有所好转，他又活跃在无锡的反帝爱国斗争之中，成为锡社刊物《无锡评论》的编辑和主要撰稿人。当年暑期，他从苏州二工毕业后，投考了以共产党人为骨干的上海大学，10月在上海大学加入了中国共产党，翌年去苏联学习，义无反顾地走上了为共产主义事业奋斗终生的革命道路。1946年4月8日，秦邦宪自重庆返延安，因飞机失事遇难。

参考文献：

1. 苏州市地方志编纂委员会办公室、苏州市档案局：《苏州史志资料选辑第一辑（苏州五四、五卅运动资料专辑）》，内部资料，1984年版。

2. 吴葆朴、李志英：《秦邦宪（博古）传》，中共党史出版社，2007年版。

张闻天职业革命第一站

张闻天(1900—1976)，又名洛甫，中国共产党前期的重要领导人，在遵义会议上为确立毛泽东在红军和党中央的领导地位，发挥了重要的作用。张闻天又是 1925 年到苏州筹建党组织的革命先驱者，是中共苏州独立支部最早的成员之一。苏州是他入党后踏上职业革命家道路的第一站。

青年张闻天

张闻天出生于当时的江苏省南汇县张家宅(今属上海市浦东新区机场镇)。南汇地处近代东西方文化交汇而勃然兴起的大上海近郊，得开放风气之先，张闻天在少年时代有幸弃私塾进入新式的县立第一高等小学读书，后来考上位于南京的全国水利局河海工程专门学校。同校成为挚友的有现代文学家沈雁冰(茅盾)的弟弟沈泽民(中共早期党员，张闻天的入党介绍人之一)。1919 年，他们都积极参加了五四运动，同年加入由李大钊等人发起的少年中国学会，那时他就接受了马克思主义，成为江苏传播马克思主义的第一人。为了探索救国的道路和理想，又受那时激进青年"三脱离"(脱离学校、婚姻、家庭)的影响，张闻天 20 岁时远涉重洋到日本、美国留学，一边进行社会的考察，一边从事外国文学作品的翻译及文学创作。1924 年返国后，他在上海当编辑，去四川任教员。经过多年的曲折和磨难，目睹身历国家和民族的兴衰，在诞生不久的中共党组织的积极影响下，他终于确立了马克思主义的世界观，选择了为共产主义事业而奋斗的革命道路。1925 年 6 月初，张闻天在上海五卅运动的高潮中，决然加入了中国共产党。

张闻天入党后所接受的第一个重要工作任务，是随侯绍裘到苏州开展革命活动，筹建党的组织。在此之前，苏州已由上级党组织批准成立支部，但未能正式建立起来。在新的革命形势下，苏州党的工作急需健全组织，加强领导。张闻天于 8 月来到苏州，公开职务是乐益女子中学国文和英文教员。侯绍裘到该校任校务主任。他和侯绍裘与 1924 年就到乐益女中任教员的中共党员叶天底一起，于 9 月初在乐益女中正式成立了中共苏州独立支部。从此苏州的革命事业有了党的坚强领导核心，呈现出新的局面。

那时张闻天在苏州的面貌是美国归来的留学生，饶有名声的青年文学家。他在党组织内负责宣传工作，便以学者的公开身份积极参加了当时很流行的公众演讲，大力宣传革命的新思想、新文化。如他曾以 "帝国主义和辛丑条约" 为题做了演讲。苏州独立支部以乐益女中为基地，支持和协助在苏州的一些学校，如江苏省立第一师范、苏州工业专门学校等邀请恽代英、萧楚女、施存统等著名人士来苏做演讲，扩大党的影响。张闻天本人也曾到省立一师等学校去做过多次演讲。

作为一名教员，张闻天由于在教学上很有新意而得到学生的欢迎。乐益女中校主张冀牖的女儿张允和、张兆和（著名文学家沈从文的夫人)当时都是乐益女中高一的学生,张闻天的授课给她们留下深刻的印象。直至 20 世纪 90 年代,82 岁的张允和女士写有回忆文章《张闻天教我国文课》。她记忆犹新的是张闻天的讲课方式和国文教材都与众不同,不是用中国古代文言文,而是选用了世界文学名著的白话翻译本,在教学中着力于拓展学生的视野和思想境界。其中讲解法国文学家都德的《最后一课》时,给女孩子很大的震动,激发了她们强烈的爱国心。张允和在文中写道:"张闻天老师只教了我半年国文,可是给了我以后一辈子做人的长远影响。"

1925 年 10 月底,张闻天被中共中央选调赴苏联莫斯科中山大学学习,就此离开了苏州古城。对于这段经历,张闻天在 1941 年延安所写的《自我小传》中记有一笔:"1925 年五卅运动之前,我最后下决心加入中国共产党,在苏州担任了一些支部工作之后,即于 1925 年冬被派往莫斯科中山大学学习。"新中国成立后,他又两次作过回忆和证实。1960 年 12 月 13 日,他复函答复中共苏州市委关于苏州早期党组织活动情况。信中说他是在 1925 年八九月间从上海随侯绍裘去苏州从事党的活动的。"那时党在苏州才开始建党工作。"又说到当时党在苏州开展反帝斗争的重要一环是"反基督教运动"。1961 年 6 月 6 日第二次复函,补充了上次所说情况。说他那时进乐益女中同叶天底发生党的关系,叶天底当时是学校党的负责人。乐益女中的党员有在苏州开辟党的工作的任务。他 1925 年离开苏州时,叶天底仍在那里工作。张闻天到苏联后走上了传奇式的革命道路。新中国成立后,他曾出任中国驻苏联大使、外交部副部长,是中共八大的政治局候补委员。在 1959 年中央政治局扩大会议(又称庐山会议)上张闻天被撤职罢官,后来挂名在经济学家孙冶方任所长的经济研究所担任研究员。

经历了三年困难时期,1962 年春,党中央召开了扩大的工作会议(又称七千人会议),中国国民经济和政治关系等方面经过调整有了好的转变。张闻天暌别苏州 37 年,终于有机会重访江南旧地。1962 年 4 月至 6 月,他得以中共中央政治局候补委员、中国科学

1962 年张闻天、刘英苏州留影

院哲学社会科学学部经济研究所特约研究员的身份,在夫人刘英的陪伴下,带着领养的女儿小倩,到南方的江苏、上海、浙江、湖南休假兼做社会调查。5 月 20 日至 27 日在苏州。在苏州期间,他重访了 20 世纪 20 年代自己从事党的活动的乐益女中旧址,并与在苏州纺织机械厂工作的侄儿夫妇见了面,共叙亲情。与此同时他以朴实的工作作风开展了社会调查。在苏州时,张闻天着重了解苏州的市场贸易情况,包括农村供销社的运行及农村市场的情况。是年 7 月,张闻天综合全国各地的情况形成社会调查报告:《关于集市贸易的一些意见》。报告的主题是:"应该自觉地运用价值规律和供求规律的调节作用,开放和发展集市贸易。"他的思想是强调社会主义也需要尊重市场的客观规律,取资本主义为我所用,建议开放全国统一大市场。这篇

报告在"文化大革命"时期被说成是"鼓吹资本主义复辟"的"集市贸易意见书"。如今这篇报告已收入中共中央文献研究室汇编出版的《张闻天文集》，是党探索建设中国特色社会主义道路的理论财富。

张闻天于 1976 年 7 月病逝。1979 年 8 月中共中央为他举行了隆重的追悼大会。

参考文献：

1. 张允和：《张闻天教我国文课》，载《群言》杂志，1992 年第 2 期。

2. 张培森：《张闻天年谱》，中共党史出版社，2000 年版。

3. 程中原：《张闻天传》，当代中国出版社，2000 年版。

苏州建党先驱侯绍裘

侯绍裘（1896—1927），中共早期革命家，上海五卅运动的参与和领导者。1925年9月，中共苏州独立支部成立，这是中国共产党在苏州正式建立地方组织的开始。侯绍裘是创建苏州独立支部的关键人物。

侯绍裘出生于当时属于江苏省的松江县（现上海市松江区），自幼勤奋好学，尤其爱读历史书，崇敬岳飞、文天祥等著名将领。1912年

侯绍裘

入江苏省立第二中学（现松江二中）求学，喜爱读报，关心时事，常在学校当众宣传和赞扬孙中山的三民主义主张。1918年8月，侯绍裘考入上海南洋公学（现上海交通大学前身）攻读土木工程专业。当北京爆发五四爱国运动时，他和同学参加了国耻纪念日万人大会，不久，他作为南洋公学三名代表之一参加上海学生联合会，又被全国学联聘为文牍，负责起草宣言、口号、电文等。从五四运动的斗争开始，他的思想从宣传三民主义到相信无政府主义，直至接受和信仰马克思主义，从而走上了革命的道路。1921年，他加入了国民党。1923年7月，中共上海地委书记邓中夏去松江发展党组织，侯绍裘便加入了共产党。这期间，他创办《松江评论》，大力宣传革命和进步的思想，并在

松江景贤女中进行教育革新的实践。1925 年帝国主义分子制造五卅惨案后，他与恽代英等按照党的统一部署，积极发动上海各界罢工、罢市、罢课，开展了一场轰轰烈烈的反帝爱国运动。

1925 年 5 月，苏州已由上级党组织批准成立党的支部，但由于力量不够，未能正式建立起来。此年 8 月，侯绍裘应邀到苏州乐益女子中学任校务主任，领导江浙沪

中共苏州独立支部旧址

地区党的工作的中共上海区委(亦称江浙区委)遂决定由他到苏州组建党的支部，并派刚在上海大学入党的张闻天一起到苏州。侯绍裘、张闻天到苏州后，和已在乐益女中任教的中共党员叶天底取得联系，于 9 月初在乐益女中成立了中共苏州独立支部，由于侯绍裘当时兼任国民党江苏省党部常委，同时又负责苏州乐益女中、苏州平林中学、松江景贤女中、上海大学附中等多所学校的事务，奔波于苏州、上海、松江之间，因此由叶天底任支部书记，张闻天负责宣传，他在苏州独支中任委员，实际上同样起着重要的领导作用。

党支部成立后立即开展了卓有成效的革命活动。他们组织演讲会，撰写论文，传播进步书刊，大力宣传马克思主义和民主革命思想，启迪群众觉悟。9 月 7 日是乐益女中新学年开学日，又恰逢纪念签订《辛丑条约》的"九七国耻日"，学校举行演讲

会。侯绍裘主持大会，张闻天演讲"帝国主义与辛丑条约"，叶天底演讲"九七与五卅"。他们不仅在乐益女中积极进行宣传，还以此为据点，扩大到其他学校，扩大到工厂及社会上。积极发展党团员，增强组织的战斗力，是独立支部的重要工作。到1925年底，中共苏州独立支部已有党团员24人。

当时正是第一次国共合作期间，侯绍裘、叶天底等共产党人均具有国民党员的双重身份。中共苏州独立支部的成立及中共党员的身份是秘密的，支部成员遵循党的统一战线方针，以国民党员的半公开身份在苏州开展活动。支部帮助组建了国民党苏州市党部，成立苏州各界妇女联合会等进步群众组织，积极开展反帝反封建斗争。

党的活动引起了苏州军阀当局的注意。1926年初，乐益女中校方迫于压力，以经费困难为由辞退了侯绍裘。1926年初侯绍裘离开苏州到上海后，遵照党的指示，致力于党在大革命期间的统一战线工作，担任了国民党江苏省党部执委、国民党江苏省党部中共党团书记。他与著名的国民党左派人士柳亚子、朱季恂等人主持国民党江苏省党部的日常事务，大力开展革命活动，并同国民党右派进行坚决的斗争。由于共同的革命目标，侯绍裘与柳亚子有着长期和深厚的情谊。吴江黎里镇是柳亚子的故乡，在20世纪20年代初，吴江成为国民党左派开展革命活动比较活跃的地区。侯绍裘多次应柳亚子的邀请到吴江进行演讲及参加活动。侯绍裘发展并介绍了吴江的进步女青年张应春加入了中国共产党，在吴江播下了革命的火种。

随着北伐战争的胜利进军和工农运动的高涨，蒋介石进一步加紧对军队和政权的控制，革命的危机也在加剧。1927 年 3月，北伐军攻占了上海、南京。国民党反动派蒋介石的反共面目暴露了出来，各地出现杀害共产党人和捣毁总工会以及国民党"左"派主持的党部等严重事件。在 1927 年"四一二"反革命政变的前夕，侯绍裘受命于危难之际，率国民党江苏省党部从上海迁往南京。4 月 11 日凌晨，正在召开会议的侯绍裘等数十人突然遭到反动势力的军警包围而被捕。不久，侯绍裘即被敌人用刺刀杀死，抛入南京九龙桥畔的秦淮河中。同时遇害的还有曾任中共苏州独立支部第二任书记的许金元、共产党员张应春等烈士。

柳亚子先生为侯绍裘的牺牲写下了发自肺腑的哀诗：

指天誓日语分明，功罪千秋有评定。

此后信陵门下士，更从何处觅侯生。

参考文献：

1. 上海市松江县地方志编纂委员会办公室、中共松江县委党史资料征集办公室：《侯绍裘纪念文集》，内部资料，1991 年版。
2. 中共苏州市委党史工作委员会、苏州市民政局：《苏州革命烈士选编(1921—1949)》，内部资料，1991 年版。

苏州独支首任书记叶天底

叶天底(1898—1928)，浙江上虞人，中国社会主义青年团(1925 年 1月改名)的发起人，中共早期党员。他又是1925年9月成立的中共苏州独立支部的第一任书记，为了苏州人民的革命事业，做出了重要的贡献。

叶天底 1916 年小学毕业后考入在杭州的浙江第一师范学校。学生时代，叶天底积极投入了反帝反封建的

叶天底

五四运动。他慷慨地对同学说："国家兴亡，匹夫有责。人生天地两大之间，当为国家民族做一番震天动地事业！"为此，他毅然把原名天瑞改成天底。

1920 年春，叶天底参与了名噪一时的"浙江一师学潮"，随后愤而离校到上海。在陈望道的介绍下，在《新青年》杂志做校对文稿的工作。此时，他结识了当时学习和传播马克思主义先进知识分子陈独秀、邵力子、杨明斋、沈雁冰等人，接受了马克思主义启蒙教育，并参加了他们的革命活动。1920 年 8 月，叶天底与俞秀松、施存统、金家凤、袁震英等人发起成立了社会主义青年团。后来他曾返回上虞，在春晖中学任教，不久又到上海东方艺术研究会学习和研究绘画。1923 年秋，他在上海加入了中国共产党。

1924 年 7 月，叶天底应聘到苏州私立乐益女子中学任美术教员，后来又兼授国文课。他按照党组织的指示，以教师身份为掩护，积极参加社会活动，宣传新文化新思想。1925 年上海爆发了震惊中外的五卅惨案，中共中央召开紧急会议，决定把斗争扩大到各阶层人民中去，结成广泛的反帝统一战线，并号召立即掀起工人罢工、学生罢课、商人罢市的"三罢"运动。中共党员姜长林从上海赶到苏州，与叶天底等在苏州的同志取得联系，传达了党的指示，发动苏州人民支援上海人民的反帝爱国斗争。叶天底、潘志春和许金元、秦邦宪等中共党团员在苏州的五卅运动中起了组织发动和领导骨干的作用。学生、工人、商人等广大市民纷纷上街游行和集会，并积极开展了募捐活动，声援和支持上海工人。上海《申报》曾报道："支援上海工人，组织募捐，苏州乐益女中成绩最佳。"这个成绩与叶天底等人的努力是分不开的。运动高潮过后，苏州人民用上海方面退还的捐款修筑了五卅路作为永久的纪念。

1925 年 9 月，根据苏州革命形势的需要和上级党组织的指示，由应聘来苏任教的侯绍裘主持，在乐益女中正式建立了党的地方组织——中共苏州独立支部，叶天底、侯绍裘、张闻天为支部成员，叶天底奉命担任书记，从此苏州的革命斗争进入了一个新的阶段。在党支部

乐益女中校门

的努力工作下，苏州国共两党的工作以及工人、学生、青年、妇女等群众运动都有了很大的发展。乐益女中一时成为中国共产党早期在苏州活动的重要据点，共产党人由此在古城内外传播革命的火种。 虽然叶天底的身体欠佳，但他依然忙于教学工作和党的事业。1926 年春，苏州的反动势力以"邀请施存统演讲，宣传赤化"的罪名，向乐益女中施加压力。校方不得已以"经费困难"为由，辞退全部进步教师。叶天底在苏州工作了一年半，他将独立支部的工作移交给接任书记的博文中学教员许金元后，也离开苏州。此时，中国共产党的组织在苏州已成为代代相传、坚不可摧的革命领导核心。

叶天底的身体越来越差，组织上决定让他回家乡养病，视情况开展工作。他在家乡积极参加了筹建上虞县地方党组织的工作。1926 年 7 月，他主持成立了中共上虞县直属支部，又担任书记。在蒋介石发动"四一二"政变后的白色恐怖中，1927 年 11 月 12 日深夜，叶天底被反动派抓获，最后被关押在杭州武林陆军监狱。在狱中，叶天底给哥哥写下了荡气回肠、光照千秋的遗书：

大哥，我决无生路，不死于病，而死于敌人之手！大丈夫生而不力，死又何惜？先烈之血，主义之花！但我最放心不下的是母亲，希望你代我尽责，抚养母亲。我决不愿跪着生，情愿站着死。……希望忠实的同志不要以我死而灰心，继续奋斗！

1928 年 2 月 8 日，叶天底在监狱里壮烈就义。

现代知名作家胡山源曾在苏州乐益女中与叶天底同事，后来写有《缅怀叶天底烈士》的诗句：

上虞叶天底，革命成烈士，苏州两学期，与我为同事，
君教绘画课，我则教文史，相处融洽甚，从来无芥蒂。
谦谦君子风，泱泱名士气，……
一心共产党，被捕刺枪毙，据传临刑时，低头读报纸，
洋洋如平时，不虑生与死，旅行劳动后，终达目的地，
如此大无畏，发挥平生志，后人纪念之，千秋与万纪。

  如今在苏州古城体育场路 4 号大院的大门旁，镶嵌着一方庄重的大理石纪念碑，碑文是："中共苏州独立支部旧址。中共苏州独立支部于 1925 年 9 月在苏州乐益女子中学成立，成员有叶天底、侯绍裘、张闻天。特此勒石，以志纪念。中共苏州市委员会，1988 年 9 月。"

参考文献：

中共上虞县委党史办公室、上虞县民政局：《叶天底烈士传集》，内部资料，1987 年版。

苏州独支第二任书记许金元

1926年春，中共苏州独立支部首任书记叶天底离开苏州后，第二任书记是博文中学教师许金元。

许金元（1907—1927），又名肖羊，出生于苏州山塘街的一个小商家庭，父亲以经营字画文具为生。许金元在8岁时父亲去世，由母亲勤俭持家抚育长大。许金元自幼即好学上

许金元

进，在苏州萃英中学读书时，品学兼优，成绩一直在学校名列前茅。1921年他中学毕业后考入杭州之江大学。在大学里，许金元和同时代的许多热血青年一样，开始探求救国救民的真理，从而走上革命的道路。不久，在恽代英、侯绍裘等人介绍下，他先后加入国民党和社会主义青年团。这一时期，他开始以笔为武器，在报刊上发表了很多文章，针砭时事，抨击反动势力，进行反帝反封建宣传。他与一些同学联合发起成立了倡导革命文学的"悟悟社"，以《民国日报》副刊《觉悟》和一些学生杂志为阵地，接连发表了《革命文学运动》、《风流才子式的文学者还不醒悟吗？》、《为革命文学再说几句话》等文，热情提倡"能激发人们去做革命者的革命文学"，"以期国民革命早日成

功，真民国早日出现"。

1924 年夏，许金元离开之江大学返苏州，到博文中学任教。当时全国正在展开由进步知识分子发起的非基督教运动，国共两党和社会主义青年团在反对帝国主义文化侵略共识下，支持和参与了这一运动。许金元和在苏州的中共党员、乐益女中教师叶天底都成为了全国非基督教大同盟苏州支部的执行委员。他们组织集会演讲，在报刊发表论文，宣传民族自尊，抨击帝国主义的反动教会势力，在苏州人民群众中产生了很大影响。

1925 年 3 月孙中山先生逝世后，许金元、叶天底等人以国民会议促进会的名义，联合各进步团体在苏州举行大规模的追悼活动，以此教育和动员民众投身反帝反军阀的革命斗争。3 月 15 日，他们邀集各团体代表 30 余人，在博文中学召开追悼孙中山大会筹备会。4 月 4 日在公共体育场举行追悼大会，3000 多名群众参加追悼活动，恽代英应邀做了演讲。许金元又在报上发表了悼念孙中山先生的文章，写道："劝君莫对孤灯空流泪，劝君莫向明月空叹息。同志们，在孙先生遗容之前，遗嘱之下，让我们大家携起手来下一个决心罢：'摧不了帝国主义不罢手！打不倒军阀不回头！'"

当时，许金元在《平江日报》兼任副刊编辑，他经常在报上发表评论，揭露时弊，鼓吹以暴力推翻旧的社会制度，并以报社为联络处开展革命活动。为此，引起地方军阀当局的恐慌和仇恨。苏州警察厅经常派员对平江日报社进行监视。

1925 年 9 月中共苏州独立支部成立后，许金元由团员转为党员，11 月又担任新成立的国民党苏州市党部常务委员。1926

年初，侯绍裘、叶天底等相继离开苏州，许金元担任苏州党的书记，成为领导苏州革命活动的主要负责人。他一面继续大力宣传革命的新文化新思想，一面带领中共党员深入人民群众，积极领导工人、学生运动。苏州先后成立或健全了市妇女联合会、平民教育促进会、市教育会等进步群众组织，由学生联合会发起开展了五卅惨案周年纪念活动。在独立支部的领导下，苏州的工人运动在全市掀起了一个斗争高潮。据当时苏州各报载，1926年上半年，苏州多次爆发了苏纶纱厂、公民织布厂、铁木机工厂、漆工等较大的罢工斗争，参加人最多的一次达2000余人。斗争中涌现了一批优秀的工人积极分子，有的加入了共产党。

随着北伐军的节节胜利，江浙地区的革命形势日益高涨。1926年8月，许金元调任国民党江苏省党部委员，离开了苏州到上海。不久他又受组织选送广州中山大学学习。1927年4月蒋介石发动反革命政变的前夕，许金元接到侯绍裘从南京发来的电报，要他立即去宁参加紧急会议，他从广州取道上海，又匆匆到苏州与母亲见了见面就赶到南京。4月11日凌晨，正在召开会议的侯绍裘、许金元、张应春等数十人突然遭到反动派武装特务的包围而被捕。不久，许金元即被敌人用刺刀杀死，尸骸抛入南京九龙桥畔的秦淮河中。如今，烈士事迹陈列在南京雨花台革命烈士纪念馆，被人民永久地怀念。

参考文献：

李彤、杨泉英、张祖林：《许金元》，载《苏州革命烈士选编(1921—1949)》，内部资料，1991年版。

苏州独支第三任书记汪伯乐

苏州市长洲路吏舍弄10号（现苏州大学科技创业园）门口，有一块黑色大理石纪念碑，碑文是："伯乐中学旧址。1926年12月，中共苏州独立支部书记、国民党苏州市党部常务委员汪伯乐被军阀杀害。翌年，在此建立吴县私立伯乐中学。为缅怀先烈，特此勒石。苏州市人民政府，1988年12月立。"

汪伯乐

汪伯乐（1900—1926）是中共苏州独立支部的第三任书记。他原名汪德骐，祖籍安徽怀宁，生于苏州。汪伯乐童年即父母双亡，8岁时被叔父送进苏州孤儿院。少年时代贫困艰辛的生活，激发了汪伯乐吃苦耐劳的毅力和奋发拼搏的精神。在孤儿院他得到院长的怜爱和栽培，16岁时，在院长的推荐下考入在苏州的省立第一师范学校。难得的读书机会让汪伯乐学习格外勤奋。在校时他不仅学习成绩优异，还是课外活动的积极分子，尤其是演讲能力很强。1921年6月，汪伯乐作为省立一师的代表之一参加了与省立第二中学举行的竞辩会，他为学校争得了优胜奖。

1919年五四运动的浪潮波及苏州。5月18日苏州学生联合会成立，学生爱国运动进入了一个新的阶段。汪伯乐积极参加了五四时苏州学生的各项爱国活动，成为省立一师出席苏州学联的代表，从此走上革命的道路。当时学联的重要活动有两项：开展通俗演讲和开办平民学校。汪伯乐本来善于演讲，就不辞疲劳地到处去讲。在学联的倡导下，他与同学在旧学前文山小学办起了一所工人夜校，进行业余文化教育以及时事讲评等。夜校很受工人的欢迎，后来又增办了两处分校。汪伯乐在上学时一直在夜校兼课。夜校是他宣传新文化新思想的阵地，也是他自己认识社会、接近民众的课堂。

1921年夏汪伯乐从一师毕业后，先后在纯一小学、乐益女中任教。当时，一些著名的革命家恽代英、萧楚女、侯绍裘等经常到苏州开展演讲等宣传工作，使汪伯乐受到很大的影响。在苏州人民举行悼念孙中山先生的活动以及后来的五卅运动等各项革命活动中，他都是活跃的一员。他先是参加了1924年国共合作改组后的国民党，当1925年9月中共苏州独立支部成立后，加入了共产党。他按照党的指示，以国民党员的身份积极从事革命活动。

1926年北京发生军阀政府枪杀爱国学生群众的"三一八"惨案。消息传到苏州，引起学界的极大愤慨。苏州学联于3月25日召开"苏州学界追悼北京殉难烈士大会"，参加的学生有三千多人。主持大会的主席就是汪伯乐。大会进行之际，苏州警署署长丁某率人前来阻止。警方来势汹汹，汪伯乐挺身而出，对丁某说："游行已经决定，至于恐生意外，由鄙人担保。"警方慑于广大群众的浩然正气，未敢采取行动，追悼大会和游行得以顺利进行。

1926 年 8 月，中共苏州独立支部书记、国民党苏州市党部常委许金元去广州学习，汪伯乐接任了许金元在苏州的全部工作。当时北伐的国民革命军已逼近江南。党的重要工作就是策应北伐军，迎接大革命高潮的到来。汪伯乐和同志们为迎接北伐进行了紧张的准备工作。他来到阊门外的中华体专任教，借助体专校长、老同盟会会员柳伯英的关系，秘密成立了"迎接北伐军中心组"，对外称"中华体育学术研究会"，开展革命活动。那时，苏州城区处于军阀孙传芳的统治之下，反动势力困兽犹斗，古城内警探密布。12 月初，敌人在邮检时截获体专学生唐觉民不慎透露革命机密的信件，致使汪伯乐、柳伯英、唐觉民 3 人被敌人逮捕。其时汪伯乐因久病卧床，人已憔悴不堪，但仍被军警从病榻上硬拉起来带走。当晚汪伯乐等就被押送南京。

汪伯乐等人被捕后，苏州各界群众团体和知名人士纷纷出面营救，但在汪伯乐等被押到南京的第三天，即 1926 年 12 月 16 日清晨，他们就惨遭秘密杀害。

1927 年 4 月北伐军进驻苏州后，4 月 17 日苏州人民为汪伯乐等烈士举行了隆重的追悼会。6 月 22 日，汪伯乐等人的灵柩才由南京运至苏州。当日阴雨连绵，苏州各界人士举行了肃穆庄重的迎柩仪式。《苏州明报》刊载了

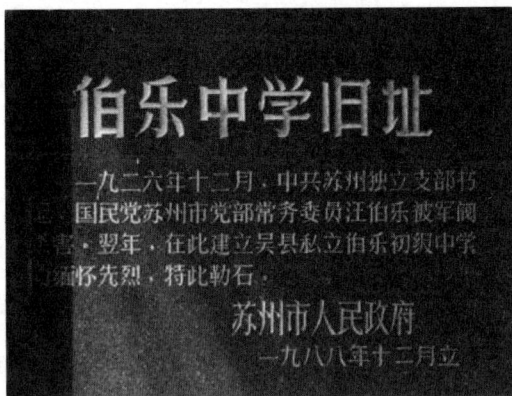

伯乐中学旧址纪念碑

叶圣陶所写的《汪伯乐烈士传略》。同年 8 月，应省立一师的师生的倡议，在汪伯乐生前同事好友的努力下，苏州建立了以汪伯乐名字命名的"伯乐中学"，以志永远的纪念。烈士业绩彪炳史册，浩然正气永传千秋。

参考文献：

1. 叶圣陶：《汪伯乐烈士传略》，载《苏州明报》1927 年 6 月 22 日。
2. 陈友声、陆承曜：《汪伯乐烈士殉难前后》，载《苏州史志资料选辑》第 2 辑，内部资料，1984 年版。

常熟特支创建者李强

李强（1905—1996），江苏常熟人，原名曾培洪，学生时代走上革命道路，1925 年加入中国共产党。新中国成立后，他被选为中国科学院院士，担任对外贸易部部长。李强在自然科学和经济管理方面都是内行，是革命时期入党的难得的一位复合型人才。他又是中共常熟特别支部创建者。常熟特支的建立，

青年李强

对常熟人民的革命事业来说，有着开端性的历史意义。

1925 年 5 月，上海发生了帝国主义血腥镇压中国工人的五卅惨案，激起了中国人民的极大愤慨。正在南洋路矿学堂读书的进步学生李强积极投入到了反帝爱国的五卅运动，在罢工、罢课、罢市的高潮时毅然加入了共青团，成为学生运动的中坚。不久，在团组织的指示下，他的革命活动从学校又扩大到社会，被派到工厂集中的曹家渡开展青年工人运动，组织工人把罢工坚持到底。8 月，他从团员转为共产党员，并担任共青团曹家渡部委书记，后又任浦东部委书记，从此走出校门从事革命工作。

经过五卅运动，中国的大革命逐渐进入高潮。1926 年初，中共提出"以革命战争推翻帝国主义和军阀统治"的政治主张，以广州为基地的北伐战争已在酝酿。在上海的中共江浙区委决

定派一些旅沪的党员学生趁寒假回乡建立地方党团组织，开展革命活动，配合北伐军北上。其时李强已担任共青团江浙区委候补委员，他受中共上海区委(亦称江浙区委)书记罗亦农的派遣，回到常熟开展工作。正是农历岁末新春之交，李强回到家乡后，了解到当地已有同志联欢会等各种进步团体存在，经考察认为常熟已具备建立党团组织的条件。他首先发展了王耕英为共青团员。王耕英也是常熟人，原是上海大学社会学系学生，参加五卅运动后因病辍学在家，有加入党团组织的愿望。李强又发展了曾雍孙为共青团员。曾雍孙是李强同族

中共常熟特别支部旧址—亦爱庐

侄辈，两家住宅相连，两人年纪相若，志趣相投。李强联系上也是寒假回常熟的共产党员周文在，他是李强小学读书时的同学，也是五卅后加入共产党。2月11日，李强等4人一起聚会，成立了中共常熟特别支部。支部属江浙区委直接领导，由李强担任支部书记。

常熟特支成立后，他们积极开展了革命活动。不久，在常熟城里出现了"革命尚未成功，同志仍需努力"、"打倒段祺瑞"等标语，人民群众层层围观，一时全城轰动。党支部的活动地点是曾雍孙家的书斋"亦爱庐"，李强在这里向一些进步青年大力宣传革命思想，开展党的发展工作。先是广泛动员青年加入

同志联欢会，再从中选择拥护共产党纲领的优秀分子加入共青团和共产党。至 3 月底，中共常熟特支已有党团员十余人。

年假结束，李强回到上海浦东团部委，不久又被派往吴淞担任共青团部委书记。是年 7 月，上海的中共党组织为迎接北伐军的到来准备发动武装起义，罗亦农要李强为武装起义筹备武器弹药。他和已到上海大夏大学读书的曾雍孙试制炸药和手榴弹，并在暑假到常熟虞山畔进行试验。他们克服了种种困难，终于研制成功。李强又动脑筋购置了一批武器。他所筹备的武器弹药在上海工人的三次武装起义中发挥了重要的作用。

为迎接国民革命高潮和北伐军的到来，1926 年下半年至翌年 4 月，李强又回到常熟领导特别支部开展革命活动。根据国共合作的方针，支部把帮助国民党发展组织和筹备国民党县党部作为这一时期的主要工作。李强与国民党江苏省党部负责人、中共党员侯绍裘讨论了建立常熟县党部的有关事项。到年底，筹备工作基本就绪，登记在册的国民党员达百人以上。1927 年 1 月，国民党常熟县党部成立，领导权实际掌握在共产党手里，县党部的主要骨干成员均系中共党员、共青团员。3 月，上海第三次工人武装暴动胜利后，李强到上海向罗亦农汇报了常熟特支的工作。罗亦农告诉李强，党的方针是扩大力量，争取革命的领导权。3 月 23 日，北伐军进抵常熟城，军阀孙传芳的部队被击溃。国民党县党部遂公开办公，并召开欢迎国民革命军的万人大会。中共常熟特别支部决定要接管县政府，改造旧政权，以配合北伐军的军事行动，夺取国民革命的更大胜利。26 日，由国民党常熟县党部举行执、监委紧急会议，讨论建立县行政委员会，并推选李强任主席。李强的任职，遭到地方上反动势力的反对，进驻常熟的北伐军团长也提出异议。经协商，常熟县临时行政委员会主席由比较开明的地方士绅钱南山担任，李强作为7名行政委员之一，兼任行政委员会的公益股长。随后，乡镇各级自治机构均由新政权接收。在北伐胜利形势的推动下，常熟县内工农运动蓬勃兴起，城镇各业建立工会，乡村建立农民协会，学生、妇女等团体也纷纷建立起来。

随着北伐战争的胜利和全国工农运动的不断高涨，蒋介石的反共面目公开暴露出来。1927年4月，蒋介石在上海发动了"四一二"政变，向共产党人举起了屠刀。革命形势急转直下，进入低潮。担任中共常熟特支书记的李强身份已公开，根据上级的指示立即撤离常熟。他于4月14日离开家乡到上海，走上新的革命征程。常熟党的组织并没有在敌人的白色恐怖中湮灭，而是坚持领导常熟人民进行不屈不挠、艰苦卓绝的革命斗争，直至取得抗日战争、解放战争的胜利。

参考文献：

1. 紫丁：《李强传》，人民出版社，2004版。

2. 中共常熟市委党史工作办公室：《中共常熟地方史第一卷》（1919—1949），中共党史出版社，2011年版。

昆山独支创建者王芝九

1926年8月，中共昆山独立支部在昆山县中学成立，这是昆山革命史上有着划时代意义的大事。昆山独支的创建者和首任书记，是苏州人王芝九。

王芝九（1901—1978）出生于贫寒的市民家庭，父母曾在苏州观前街设小店为业。民国建立后新式教育兴起，王芝九考入在苏州的江苏省立第一师范学校就读。五四时期，他接受了新思想新文化的熏陶，积极参加一师的学生运动。毕业后，他在苏州乐益女子中学任教。1925年先是加入了国民党，又在时任乐益女中校务主任侯绍裘的介绍下加入共产党，参与了筹建国民党苏州市党部等活动。在乐益女中，王芝九成为省立一师校友汪伯乐加入共产党的介绍人。随后，王芝九又到侯绍裘所主持的上海景贤女中任教。

1926年8月，王芝九受党组织的派遣从上海到昆山建立地方组织。他以昆山县立中学训育主任为职业掩护，积极开展工作，在昆山中学组建了中共昆山独立支部。支部为党团混合支部，受上海区委（亦称江浙区委）领导，由他本人任书记。王芝九先后秘密发展了周巨中、冯山林等青年学生加入共青团和国

王芝九

民党，并与返回家乡的一师学
生、中共党员刘秉彝（又名刘振
邦）取得联系，共同在昆山进行
革命活动。王芝九在学校里组
织了时事学习小组和宣传队
等，在课堂内外大力向学生宣
传革命道理。他和所联系的进
步青年每月在校外隐蔽的场所

中共昆山独立支部纪念碑

集中活动一两次，学习时事，交流思想，进一步提高革命觉悟；
还办起了"集合图书馆"，互相传阅《新青年》、《洪水》等革命
书刊。在王芝九的影响下，昆山的一批进步青年就此走上了革
命的道路。

　　王芝九到昆山的另一重要政治任务是帮助筹建国民党昆山
县党部。当时，中共党员侯绍裘在上海主持国民党江苏省党部
的工作，王芝九担任国民党省党部特派员。王芝九到昆山后一
方面与其他国民党员取得联系，一方面发展新的党员，9月，召
开了昆山县国民党员大会，组织成立国民党昆山县临时党部。
由于当时直鲁军阀部队驻昆，这些活动都不是公开的。大会由
王芝九报告北伐形势及党务开展方向，选举临时执行委员5人，
王芝九为监察委员，共青团员王达三担任秘书。昆山的革命运
动在国共两党的合作努力下，有了新的局面。临时党部成立后
影响日益扩大，党员不断增多，县内各区相继成立分部。根据
省党部的指示，1927年1月，国民党昆山县临时党部在周墅乡
立第一初级小学秘密召开全县党代表大会，正式成立县党部。

中共党团员王芝九、刘秉彝、王达三分别被选为监委、执委。执委会第一次会议即决定进一步开展迎接北伐军的工作。

就在国民党昆山县党部正式成立的上个月，中共苏州独立支部书记、国民党苏州市党部常委汪伯乐因从事迎北伐的活动被军阀孙传芳部逮捕，1926年12月16日在南京牺牲。王芝九得悉这一消息后十分悲愤，编写了《汪伯乐之死》，向学生宣讲烈士的革命业绩。不久，他就因汪伯乐一案牵连暴露了身份，被反动军阀通缉。1927年1月初他被迫离开昆山去上海。中共昆山独立支部的工作由周巨中负责。

1927年3月北伐军光复苏州，王芝九以省党部特派员身份回到苏州，参与国民党苏州市党部工作。他与同志一起迎接了自南京运回的汪伯乐等烈士的遗骸，隆重下葬，并与省立一师校友、师生倡议建立"伯乐中学"以志永恒的纪念。王芝九出任了伯乐中学校董事会董事。

蒋介石发动"四一二"政变后，革命形势骤变，王芝九又撤回上海，曾在商务印书馆任编辑，并继续从事革命活动。1928年10月被国民党当局逮捕入狱，次年获释。在当时严峻的白色恐怖下，1931年他下南洋在苏门答腊(现印度尼西亚)任教两年，就此与中共党组织失去联系。1933年返国后在镇江、上海从事中小学教育事业。抗战胜利后，他出任吴县教育局长之职。当时伯乐中学复校，他应邀为校歌作词：

励节劬学兮，志气恢宏；

秉天地之正兮，廓一己为大公；

虽牺牲亦所不计兮，靳国族之光荣；

唯我烈士有此精神兮，宜慕迹而追踪。

茂苑旧构兮，近接沧浪；

擅地灵之美兮，容多士之跻跄；

炼体魄而润智德兮，亦群育之是倡；

唯我同学勉自奋起兮，成吴中之俊良。

新中国成立后，王芝九曾任苏州市立中学（原吴县县立中学，现苏州市第一中学前身）校长。1950年调至中央教育部初教司工作，同年11月参与筹建人民教育出版社，后长期在该出版社任编审，编写、修改和审定中小学历史教科书和教师参考书。1972年退休后曾一度回苏州居住，1978年病逝。

参考文献：

1. 王存正、王南薰、王万里：《王芝九传略》，载《苏州史志资料选辑》
   第18辑，内部资料，1991年版。
2. 中共昆山市委党史研究室：《中共昆山地方史第一卷》(1919—1949)，
   中共党史出版社，2008年版。

萧楚女的吴江之行

萧楚女(1891—1927)，中共早期革命家。湖北汉阳人，1922年8月加入中国共产党。1925年，他受中共中央和共青团中央的派遣，以中央特派员的身份，从四川到上海协助恽代英领导共青团的工作，并参与编辑团中央刊物《中国青年》。这个时期，他多次从上海到苏州从事革命活动。特别是在1926年初萧

萧楚女

楚女的吴江之行，在苏州地方党史上写下重要的一页。

20世纪20年代大革命时期，由于柳亚子等人的积极活动，吴江的革命气氛十分活跃。1924年8月在共产党人支持下成立的国民党吴江县党部，是江苏省最早成立的国民党县党部，也是当时有名的左派党部之一。宣传新思想新文化的《新黎里》、《新盛泽》等"新"字号报纸和《吴江妇女》等进步刊物纷纷创办，各乡镇经常举行以反帝、反封建为宗旨的演讲、群众游行，吴江青年雪耻会、五川惨案后援会、学生联合会、各界妇女联合会等社会团体先后成立。这些活动都是在国共两党的合作和共同参与下进行的。

1926年1月1日，国民党吴江县第四次代表大会在平望镇八慵园举行。萧楚女应柳亚子和中共党员张应春等人的邀请，

以中共党员、国民党江苏省党部代表和宣传委员的身份，与中共党员、国民党江苏省党部代表姜长林一起到吴江参加会议。萧楚女此次到吴江，同时借机对吴江的党团工作进行一次实地调查。

在吴江，萧楚女在会上做了宣传革命思想的演讲。1月8日，他给时任共青团中央组织部长的林育南写了一封信，汇报他的工作以及了解的情况。此信如今已成为反映党早期开展革命活动的珍贵资料，信中内容涉及苏州党史的有两件事。

一件事是萧楚女在吴江结识了进步青年傅缉光，并介绍傅缉光加入共青团。萧楚女在信中写道：

吴江县横扇第一小学教员傅缉光，已由我当面向他说介绍他加入 C·Y，此人阶级性极深，对于主义信仰甚至，望即由中央去信承认他并责成他在那里发生组织（须寄入团须知及 C·Y 组织章程给他）。他只有一人在那里，所以只好请由中央直接指挥他。

傅缉光 1902 年出生于苏州，1923 年入苏州的江苏省立第一师范读书，在校时加入了国民党，毕业后到吴江横扇小学任教。在吴江他与柳亚子等进步人士交往，参加了吴江的革命活动。他曾在《新黎里》报上发表《怎样唤起民众》等文章，宣传革命思想。1926 年初他以横扇代表的身份参加了国民党吴江县代表会议，由此与萧楚女相识。萧楚女与傅缉光交谈很为融洽，就介绍他加入了共青团。萧楚女信中的 C·Y 是共青团的英文简称。傅缉光入团后不久即回苏州工作，后来转为中共党员，在党的领导下以教师身份继续从事革命活动。1927 年秋，他受命组织苏州市郊的农民暴动，因事泄而被反动当局逮捕，由亲友保释出狱。傅缉光后来长期以教书为业，直至1959年在苏州病逝。

另一件事是萧楚女帮助中共党员陈味芝加强和组织上的联系。他在信中写：

震泽丝业公学陈味芝极力左倾，他在吴江全县民校大会中连提五案（如清党、反帝、训练及纪律、反基等），真如我们的同志一样。他认识秋人。请即去信秋人，叫他和他通讯。

陈味芝，又名凌云，1902年出生，吴江县盛泽镇人。1920年陈味芝到上海大学附中上学，在上大附中他由恽代英介绍加入了社会主义青年团。1923年陈味芝转学浙江绍兴五中，曾担任青年团绍兴学联总干事，并参与发起绍兴五中的学潮。1925年他成为中共正式党员，是中共绍兴特别支部成员之一。此年11月，他离开绍兴至外婆家——吴江县震泽镇，在震泽丝业公学任教，并继续从事革命活动。陈味芝曾多次以凌云之名从吴江写信给中共江浙区委，汇报和请示工作。此时他又加入国共合作后的国民党，因而参加了国民党吴江县党部的有关活动。萧楚女在信中提到的秋人，指时任共青团中央委员、共青团江浙皖区兼上海地方执行委员会秘书（书记）的张秋人。张秋人是1922年入党的中共早期革命家，浙江诸暨人。陈味芝在绍兴时就与张秋人相识。因此萧楚女请林育南

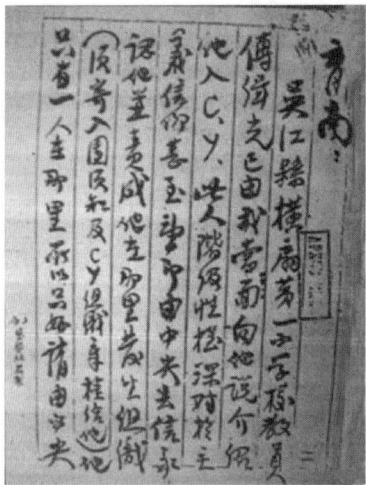

《萧楚女致林育南信》书影

转告张秋人与陈味芝联络。1926年陈味芝重返绍兴投身北伐军。大革命失败后，陈味芝曾在苏州浒墅关当小学教师，后来又在苏州城区办报，宣传抗日。

1937年抗战全面爆发，苏州沦陷后，四郊农村抗日自卫武装群雄蜂起，陈味芝在吴县田泾、太平一带一边教书，一边组织抗日武装。不久，在田泾组织起一支100多人的治安队伍，开展自卫保家乡的斗争。1938年8月，陈味芝部队被太湖边的程万军部队收编，随后陈味芝被时任程万军部副官的胡肇汉所谋杀，时年36岁。

萧楚女的吴江之行，时间虽短，但他为中共地方党团组织的建立和发展，做了十分重要的工作，留下了深刻的印记。就在萧楚女吴江之行的月内，他奉命南下广州，先后担任国民党中宣部干事、广州农民运动讲习所教员、黄埔军校政治教官等职。1927年4月15日在广州反革命政变中被国民党反动派逮捕，4月22日在狱中被杀害。

参考文献：

1. 萧楚女：《给林育南的信》，载《吴江革命史料选》，内部资料，1988年版。

2. 蒋纪序：《寻找傅缉光———一个查档寻父的故事》，载《档案建设》，2001年第4期。

3. 徐永佑：《凌云的真实人生》，载《党史资料与研究》2012年第1辑。

吴江女杰张应春

革命的事业，没有流血是不会成功的。我亲爱的女同胞，大家起来奋斗吧！我们誓死要从红色的血泊里边，找着光明的道路，建设起光华灿烂的社会来。

张应春

这是 1926 年大革命时期共产党员张应春所写的文章中的一段话。不久，她就用自己的鲜血和生命，实践了这一誓言。

张应春（1901—1927），出生于当时的吴江县黎里区葫芦兜村（现属吴江区汾湖镇）的一个书香门第，父亲是一位乡儒。她生日是农历十月初一，农谚有"十月应小春"之说，故取名应春。后来她仰慕秋瑾女侠为人，又自号秋石。

张应春自幼勤奋好学，敢说敢为，少年时代就曾与要好的女同学说，"要争女权，要以天下为己任"。她在吴江黎里女子高小毕业后，考入上海两江女子体育师范专科学校。当时正是五四时期，张应春受到民主和科学的进步思想的熏陶。她在校时很关心时事，在日记中表达了对反动势力倒行逆施的痛恨，对国家和人民的前途深表忧虑。从体专毕业后，她先后到厦门集美女师和松江景贤女中任教。这一时期，她与同乡前辈、著名的国民党左派柳亚子相识，并成为柳亚子的学生和同志。在松江，她又结识了中共党员侯绍裘、国民党左派朱季恂等人。不久，在这些人的影响下，她加入了国共合作后改组的国民党。

1925 年初，张应春为照顾家庭返回吴江，在她的倡导下，黎里镇创办了一所由她负责教务的女子学校。吴江黎里也是柳亚子的家乡，柳亚子与一些共产党人交往颇多，吴江一时成为中共早期党员来往较多的地方，革命气氛十分活跃。1925 年 5 月 3 日，国民党吴江县党部在黎里隆重举行追悼孙中山先生大会，柳亚子是大会主席，张应春是司仪，侯绍裘做演讲《如何竟孙先生之功》。会后，张应春手捧孙中山遗像，和柳亚子、侯绍裘等一起带队上街游行。8 月，国民党江苏省党部成立，张应春当选为执行委员、妇女部长。在中共党员和国民党左派人士的努力下，江浙一带的革命形势出现了日益高涨的新气象。在革命实践中，张应春的思想觉悟有了进一步的提高，树立了马克思主义的坚定信仰。10 月，由侯绍裘介绍，加入了中国共产党。张应春在 11 月 17 日写给柳亚子的信中说："我认为入了党，当然以党为前提了，一切都可以牺牲的。至于使命呢？我们恐怕无异吧——革命，孙先生遗给我们的使命吧"。

当时国民党江苏省党部设在上海，工作很忙，张应春奔波于上海、吴江之间。为了扩大革命宣传，张应春决定创办一份女界刊物，名《吴江妇女》，宗旨是号召妇女起来，打倒帝国主义和军阀，推翻旧礼教，以求妇女和全人类的自由平等。《吴江妇女》于 1926 年三八妇女节这天在上海创刊，张应春是主编，她在创刊号《国际妇女纪念日与吴江妇女》一文中写道"我们吴江的妇女……要为自己的自由，为自己的经济独立，为社会上法律上教育上求种种的平等"，"向压迫阶级进攻"。《吴江妇女》出版了 5 期，对当时妇女解放运动的启蒙教育，起了积极的推动作用。

1926 年 3 月 12 日是孙中山先生逝世一周年纪念日，南京举行了孙中山陵墓奠基典礼。张应春和柳亚子、侯绍裘等先后从上海赶到南京。在南京夫子庙贡院召开的大会上，张应春进行了演讲。在会后的群众游行时，她手执"拥护国民会议"的旗帜走在女工队伍的前列。在陵墓奠基时，国民党右派雇用打手对左派人士大打出手，冲击会场。张应春等人不畏强暴，进行了抵制。由于张应春的出色工作，她在兼任国民党内职务的同时，担任中共江浙区委妇女运动委员会委员、中国济难会全国委员会委员。

在国共合作的历史背景下，大革命的形势发展很快，但随着北伐军的胜利进军，蒋介石的反共面目进一步暴露，革命阵营的内部斗争日益激烈。1927 年 3 月北伐军攻占南京后，为加强左派的领导力量，4 月 2 日侯绍裘率领国民党江苏省党部从上海迁往南京。侯绍裘发电报急召正在吴江家中病休的张应春到南京，张

张应春纪念馆

应春决然前往。4 月 11 日她在南京与侯绍裘、许金元等一起开会时被反动势力的军警逮捕，不久即惨遭杀害。

后来柳亚子在张应春的故乡建造了一座烈士衣冠墓，于右任题写了碑文："呜呼！秋石女士纪念之碑"。新中国成立后，张应春的英勇事迹陈列在南京雨花台革命烈士纪念馆。在她牺牲 60 周年之际，中共吴江县委、县人民政府为烈士墓又新镌一块纪念碑，并于墓园旁建造了烈士事迹陈列室。在她 90 周年诞辰之际，中共吴江县委、县人民政府在松陵镇的吴江公园矗立一尊张应春烈士雕像，以志纪念。

参考文献：

1. 中共吴江县党史工作委员会：《纪念张应春烈士诞辰 90 周年》，内部资料，1991 年版。

2. 中共吴江市委党史工作办公室：《中共吴江地方历史第一卷》(1919—1949)，中共党史出版社，2006 年版。

虞西农运领导人谢恺

他曾经是一名虔诚的基督徒，在 20 世纪 20 年代大革命浪潮中成为共产党员，领导了常熟西部地区的农民运动，并为人民的解放事业献出了生命。他就是 1927 年国民党发动"四一二"政变后，在常熟牺牲的农民运动领导人谢恺。

谢恺（1898—1927），字玉芝，又名祖根、根宝。出生于江阴顾山镇，后迁居常熟塘桥镇（现属张家

谢 恺

港）。幼年父母双亡，靠姑母抚养成人。14 岁时因家贫辍学，到常熟大义桥、王庄等地药店当学徒。后来他被药店解雇，就凭着平时学到的一些医药知识，背起药包，走闯江湖，靠跑码头看病、卖药为生。在社会底层，谢恺亲身体验了旧社会劳苦大众的艰难，常为贫苦农民义务看病，深得人们好评。1923 年，他在当时基督教常熟圣公会华籍会长的影响下，开始信奉基督教。谢恺曾经期望上帝能唤起民众善良的心灵，主持公道。他热心传教，发展教徒，筹建教堂，成为圣公会在常熟西北教区的传教士。

1925 年，上海爆发了五卅惨案，一场震惊中外的反帝爱国运动波及全国。6 月 7 日，常熟市民在石梅体育场召开声援大会，还举行了游行示威。谢恺对帝国主义的暴行深感愤慨，参加市民大会后，随即发动大义镇上的店员、学生、社会青年组成青年同志救国团，上街游行、演讲和募捐，声援和支持上海的五卅运动。他还发动虞西基督教徒在教堂集会举行祈祷会，祈求公道。谢恺的爱国行为，在圣公会看来是离经叛道。此年9月，圣公会推荐他到培养华籍传教士的教会学校江苏圣道书院"深造"。

谢恺来到位于无锡的圣道书院，在学习神学的过程中，他对基督救世的信念开始动摇。在接触社会现实时他更多地阅读了一些宣传反帝反封建的进步书刊，开始探求救国救民的革命道理。他先是认知和接受孙中山提出的三民主义，1926年8月秘密参加了中国国民党，并成为国民党江苏圣道书院区分部的负责人，开始从事革命活动。

谢恺返回常熟后，以传教为掩护，在归义乡发展了一批国民党员。随后，国民党常熟县第三区党部在大义成立，谢恺被选为区党部常务委员，并分工负责宣传工作。1927年1月，国民党江苏省党部派巡视员、共产党员尹介眉到常熟筹建国民党常熟县党部，谢恺率领第三区党部的代表到城里参加了成立大会。会上选出的执、监委员，不少是共产党员和共青团员，会议做出了打倒"西山会议派"、拥护孙中山的三大政策、开展农民运动等决议。会后，谢恺把工作重点放到筹建农民协会、开展农民运动上。此年3月，北伐军抵达常熟，国民党常熟县党部公开办公。随着农民运动进一步蓬勃发展，谢恺在虞西农民中的威望越来越高。此时他与国民党内拥有收租田的一些党员（地主）的关系越来越疏远，同那些只图个人发财不顾农工利益的国民党人产生日益尖锐的矛盾。在中共常熟特别支部书记李强的启发下，谢恺接受了马克思主义，并由李强介绍加入了中国共产党，他终于由一个有神论者转变为具有共产主义信念的革命者。

为了壮大革命力量，把农民运动推向高潮，谢恺将各乡农民协会联合起来组织虞西农民协会，在大义桥小山头召开了声势浩大的虞西农民协会成立大会，参加大会的农协会员有近万人。会后，组织农协会员向不法地主、土豪劣绅进行斗争，勒令交出租簿和田契，当众销毁。这为今后的建党工作培养了骨干，奠定了基础。

蒋介石发动"四一二"政变后，革命形势急转直下，国民党(左派)省党部和近邻各县党部被砸，总工会被封闭，农协会被取缔，中共常熟党组织负责人奉命撤离。其时，驻常东路先遣军内的共产党员决定举行虞山武装起义。同时与中共常熟特支领导人商定，地方党员负责组织工人纠察队抢占南门，由谢恺率领农民武装从北门进城配合。为此，谢恺连夜奔波数十里，发动了王庄、冶塘、钱家宅等地农协会员，组织上万人的农民革命军，集中在小山头举行誓师大会。会后，谢恺率领向城区进军，半路上接到由城内送来的紧急通

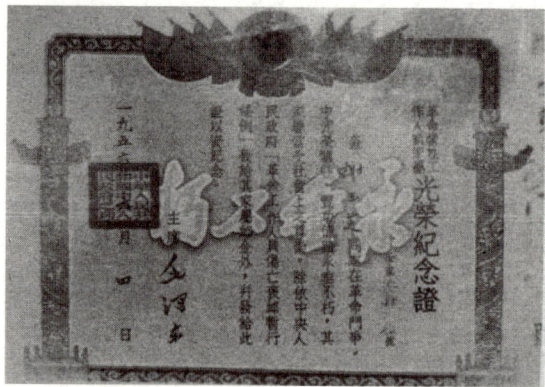

谢恺烈士烈属证

知，因驻军中共产党员身份的营长被捕，事已有变，队伍撤回，武装起义未能成功。此后，谢恺坚持原地工作，但革命形势日趋恶化。

1927 年 6 月上旬，国民党反动派镇压捕杀共产党的"清党"活动扩展到常熟。根据组织决定，谢恺等人要撤离常熟转移到武汉。谢恺动身前夕，国民党常熟第三区党部为他饯行。就在此日深夜，谢恺被区党部内的国民党右派分子认定为是"共党"而暗杀，尸体被毁容后沉溺于尚湖。谢恺是"四一二"政变后常熟、张家港、江阴地区为革命事业献身的共产党员第一人，新中国成立后，党和政府追认谢恺为革命烈士。

参考文献：

中共张家港市委党史地方志办公室、张家港市政协文史委员会、中共张家港市塘桥镇委员会：《谢恺烈士纪念文集》，中共党史出版社，2007 年版。

茅学勤与沙洲农民暴动

1927年蒋介石发动"四一二"政变后，在全国镇压捕杀共产党人，中国陷入白色恐怖之中。共产党决定以血与火的抗争回击反动派，组织武装起义，走武装夺取政权的道路。在南昌起义、秋收起义发生不久，1927年11月至1928年3月，张家港的后塍、杨舍等地（当时属江阴县，统称江阴东乡沙洲地区）也爆发了多次农民暴动。

茅学勤

农暴运动的领导人之一是张家港的共产党员、革命先烈茅学勤。

茅学勤（1900—1929）出生于后塍学田圩的一个农民家庭，曾就读于江阴乙种师范学校、南京第一工业学校，学生时代受到新思想新文化的熏陶。他有幸意外中彩获得3000元巨款，毅然弃学返乡创办了一所小学，自任教师兼校长，招收农家孩童上学。他的侠义之举，深为家乡父老所敬佩。

沙洲地处沿江，旧社会时属于穷乡僻壤。土地为地主所有，佃农辛勤劳动，仍过着吃不饱、穿不暖的悲惨生活。1925年初夏，十有八九的家户又遭无粮断炊。茅学勤以"救济灾荒"为名，要求地主豪绅放粮救赈，还带领穷人到地主家去"吃大户"，开仓分粮。1925年10月间，江阴进步青年、中共党员周水平在农村倡议成立佃户合作自救会，发动农民抗租减息。茅学勤专程去会见周水平，两人有着共同的志向和语言，相见恨晚。周水平那种救国救民并抱有牺牲的精神，对茅学勤产生很大的影响。1926年1月，土豪劣绅勾结军阀孙传芳逮捕并杀害了周水平。此事使茅学勤深为愤慨，分外痛恨不合理的社会制度和反动政府。同年11月，茅学勤在家中会见了曾任中共江阴独立支部书记的孙逊群。不久前孙逊群赴广州参加由毛泽东主持的第六期农民运动讲习所学习，曾直接聆听毛泽东、周恩来等人讲课。在与孙逊群的交往中，茅学勤受到生动的教育和启示，革命觉悟有了很大的提高。

1927年3月，北伐军进驻江阴，革命形势高涨。为推进农民运动，中共江阴独立支部举办了农民运动训练班，茅学勤作为农民骨干参加了培训。在训练班上，茅学勤进一步接受了毛泽东所倡导的农民运动思想。培训结束后，他即返乡积极开展工作，组织农民成立协会，发动农民为维护自身权利而斗争。在农民协会的成立大会上，他和农民一起用竹子、纸张扎了恶霸地主的模拟像及棺材，游行示众。一时群情振奋，影响很大。在"四一二"政变后，茅学勤被地主告发为是"共党"而入狱，但由于证据不足于9月获释。此时，中共江苏省委特派员钱振标受命到江阴恢复党的工作，茅学勤积极向党组织靠拢，11月他由钱振标介绍加入了中国共产党。中共江阴县委根据上级指示，决定选择农民运动基础较好的沙洲地区举行农民暴动，于是，在钱振标、茅学勤等人领导下，农民暴动一时在沙洲风起云涌。

1927年11月15日深夜，后塍爆发第一次农民暴动。后塍是当时沙洲西北部的大集镇，设有国民党江阴县公安局第三分局，驻警察20余人。钱振标与茅学勤带领农民于深夜1时行动。农暴队伍迅速割断了后塍到江阴的电话线，然后分两路悄悄包围驻扎在法水庵的公安分局。当他们临近公安分局门口时，被警察岗哨发现，但因慑于农民的声势，警察不敢开枪。暴动农民奋力上前夺枪，缴得手枪、刺刀、警服等。夺枪成功后，茅学勤等率领农民高呼着"打倒土豪劣绅"的口号，又冲到南街东弄去找乡行政委员、劣绅俞道聘。不料，俞进城未归，其父闻警逃逸。愤怒的农民在俞家搜出了田契、债据、租簿，连同12间房屋付之一炬。凌晨农民撤离后塍。

后塍第二次农民暴动是在1927年12月21日。当时，国民党军警逮捕了农暴干部朱松寿、张老四、茅学勤的弟弟茅学明，后并把他们关押在后塍光华电灯厂内。中共江阴县委得悉后立即召开紧急会议，决定由茅学勤负责组织暴动，进行劫狱。凌晨3时，茅学勤指挥100多名农民攻打了后塍公安分局和电灯厂。朱松寿等3位同志终于被救出，电灯厂被完全焚毁。

后塍第三次农民暴动是在1928年1月13日。此时，茅学勤担任中共江阴县委军事委员，领导了一支100多人的农暴武装，并公开打出红军的旗号。国民党反动当局大肆拘捕和杀害农暴群众，烧毁房屋。县委决定再次组织暴动，以回击反动当局的疯狂镇压。此日晚，茅学勤带领六七十人，先到距后塍5公里的五节桥，烧去作恶多、民愤大的地主卢鸿吉的房屋5间，并处决了向反动派告密的走狗两人，随后向后塍突进，袭击公安分局。激战相持1个多小时，农暴队伍于黎明前主动撤离。

后塍第四次农民暴动是在 1928 年 3 月 30 日。当时后塍公安分局军警在江阴周庄拘捕了 24 名无辜农民。江阴县委接到报告，立即由茅学勤率领 300 多名农民出发追击。一路追到后塍，遭到增援敌人的反击。因实力不足，农民队伍只得暂时退却。接着，江阴县委仓促决定在傍晚调集沙洲和东南乡农民 2000 余人，向后塍发起总攻击。这次暴动，农民群众连续奋战了 10 多个小时，终因敌我力量悬殊而失利。

除了后塍四次农民暴动外，占文桥、杨舍、塘桥、店岸等地也相继发生暴动，震惊大江南北。沙洲农暴运动虽然是在党内"左"倾盲动主义的影响下发动的，不免都遭失败，但暴动沉重打击了反动派的嚣张气焰，扩大了党的影响，播下了武装斗争的种子，在取得武装革命的经验教训上有着重要的历史意义。在暴动中，茅学勤的家庭遭到巨大劫难，家中房屋被烧毁，父母和哥哥被抓捕，但他革命信念毫不动摇，始终为党的事业奋斗不息。他还领导了江阴峭岐、璜土等地的多次农民暴动，先后担任了中共江阴县委执行书记，苏常特委委员兼红军总指挥、特委军委书记，淞浦特委军委书记。1929 年 1 月，茅学勤与淞浦特委

学勤广场上的雕像

委员陈云、严朴等一起领导奉贤庄行农民暴动。返回上海后因为叛徒告密，他与同伴在汉口路的新大东旅社被捕。茅学勤被反动当局转押到无锡、江阴，2月6日牺牲于江阴君山脚下的刑场。

当年后塍公安分局所在地法水庵，如今被改造成了一片宽敞的广场。当地政府以茅学勤的名字将广场命名为"学勤广场"，广场上矗立着革命先烈的雕像，表达人民永恒的纪念。

参考文献：

中共张家港市金港镇委员会、张家港市新四军暨沙洲革命根据地研究会：《农运先烈茅学勤》，中共党史出版社，2013年版。

郭沫若的苏州足迹

郭沫若(1892—1978)，中国现代著名学者、社会活动家，四川乐山人。1927年参加南昌起义，同年加入中国共产党。1928年初为躲避国民党政府的缉捕去了日本。1937年归国投入抗战。新中国成立后，曾任中央人民政府政务院副总理兼文化工作委员会主任、全国人大常委会副委员长、全国政协副主席、中国科学院院

郭沫若

长、全国文联主席等职。1958年郭沫若重新入党，是中共第九、十、十一届中央委员。在郭沫若的自传体著作《革命春秋》中，他记下了民主革命时期两次来到苏州的亲身经历，从而为苏州革命史留下难得的文字记载。

1927年初，在国共合作的背景下，中国大地上涌动着大革命的浪潮，工农运动风起云涌，北伐军节节取胜。但投机革命的蒋介石在控制了江西以后，反共面目越来越明显。3月中旬，蒋介石指使九江、安庆等地青帮流氓暴徒捣毁当地拥护孙中山三大政策的国民党党部和工会、农会组织，杀害革命群众，制造白色恐怖。郭沫若时任北伐军总政治部中将副主任，他看透了蒋介石仇视工农运动的反革命嘴脸，决然脱离蒋介石的羁绊。

3月31日，他在南昌时任第三军军官教育团团长朱德的家中，草拟了《请看今日之蒋介石》一文，以自己的亲身经历揭开了蒋介石的假面具，呼吁"蒋介石已经不是我们国民革命军的总司令，蒋介石是流氓地痞、土豪劣绅、贪官污吏、卖国军阀、所有一切反动派——反革命势力的中心力量了"，全国人民要"起来反蒋"，"打倒他，消灭他，宣布他的死罪"。文章一发表，震惊全国。郭沫若随即遭到蒋介石的通缉。

4月上旬，郭沫若从九江秘密潜回上海，9日途经苏州，随行的有北伐军总政治部党务秘书、中共党员辛焕文。他们落脚在胥门外一个很小的旅馆里。郭沫若身穿长袍短褂，头戴乌纱瓜皮帽，俨然一个土豪劣绅的模样；辛焕文一身军装，挟着皮包，依然是北伐军军官本色。这样装扮的人，其时最为安全。当日，郭沫若派辛焕文先行去上海打听情况，他暂留苏州。11日辛焕文返苏后，他们为等车又耽

民国时期苏州石路地区

搁两天，至14日乘火车去沪。郭沫若就此在苏州住了5天。这期间，他每天进城去买些书来看，游览了城内的玄妙观，城外的留园、西园，了解了苏州的一些风土人情。

古城苏州留给郭沫若的深刻印象就是恬静。他在文章中描述：
苏州城里简直可以说是"死都"。苏州城里的一些背街真是

恬静哟，一些砖砌的民房就跟坟墓一样，街头巷口泛着一种形容不出的恬静的幽光，人到这儿就好像魂游太虚之府。一些玉石凿成的女子都是天上的可儿。你听她们那清脆的声音哟，那真是清，真是甜，真是如雪梨的滋味一样清甜。

留园！你请到那里面去走一走吧。你会感觉得你自己是贾宝玉，你的周围都是晴雯，都是秦可卿，都是一些天仙化人。

旧社会的苏州确是富人的天堂，穷人的地狱。郭沫若写道：

实在苏州地方是我们中国的大地主发育得最完美的地主。苏州的地主是有一种类似托拉司的组织，小地主都集中着他们的租谷请大地主代收。大地主是有私设的差役和私刑。

农民就这样受着大地主的重重的剥削，所以弄得来卖田地、卖房廊，所有一切的自耕农都化成农民无产者；还不够，还要卖老婆，卖女儿。

10 日清晨，郭沫若到阊门，看见一处青年会的门前，挂有国民党的青天白日旗，是苏州市党部第四区分部的办公处。他便进去看报，并向里面的人打听国民党江苏省党部的左派人士侯绍裘、张曙时等人的消息。区分部的人以为来了不明身份的侦探，都回答不知道，还把门外的旗帜都取了下来。实际上，就在此日，侯绍裘在南京被国民党右派军警抓捕后即遭杀害，国民党左派的江苏省党部被查封。蒋介石策划的反共政变发动在即，当时险恶的斗争环境可见一斑。

郭沫若还记述了在这几天内苏州所发生的工潮以及市总工会被国民党右派查封的事：

日本的一家纱厂积欠工人的薪资不发，准备关门回国，工人不依，日警士便要以武力对待，所以工会缴了他们的枪械。这使白崇禧得了一个口实，以查封总工会及市党部。献媚于帝国主义者的蒋介石，献媚于帝国主义者的蒋介石的走狗白崇禧等，其甘心卖国已至于如此。

郭沫若自注此事记得不十分清楚。经查证，事实是基本准确的。据《中共苏州地方史(1919—1949)》记载，10 日爆发工潮的是日资瑞丰丝厂，当时苏州总工会委员长、中共党员舒正基等代表工人与日方交涉，日方虚与周旋，暗中部署撤离。工人群众在愤怒中收缴了日本领事馆警卫的枪支。此时，4 月初日本人在汉口枪杀中国工人的四三惨案的消息传到苏州，群情震愤，苏州总工会、苏州学联及国民党苏州市党部等分别发表声明，声讨日本罪行，要求收回日租界。日驻苏领事到上海向北伐军东路前敌总指挥白崇禧诬告苏州工人聚众闹事，要求保护。这正好给国民党右派镇压革命提供了借口。白崇禧令北伐军苏州警备司令张镇"以保护日侨安全"为由予以镇压。"四一二"政变的第二天，苏州市总工会被查封，舒正基幸而脱险被通缉。不久，以共产党员和国民党左派为主体的国民党市党部也被查封、解散。恬静的苏州古城中发生这些惊心动魄的斗争，因而郭沫若写道："在这样的死都，然而也还有些不安分的活人。"

时隔 10 年，郭沫若又一次来到苏州。1937 年七七事变后，7 月 25 日他从日本只身回国，到上海投入抗战救亡运动。8 月 13 日，日军把战火从华北烧到上海，淞沪抗战爆发。8 月 24 日，由上海文化界救亡协会主办的《救亡日报》创刊，郭沫若任社长。这期间，他积极开展抗战文化宣传，工作十分繁忙。9 月

21 日，郭沫若因有事去南京，在日军飞机的轰炸声中搭乘汽车至苏州住宿。他写道："宿处有桂花，在暗中吐放着浓重甜蜜的香气。时有飞机来的警报，但我处之泰然。"次日，因须等汽车从前方开来，郭沫若得以在苏州逗留一天。上午，他就在城里走了一圈。"市民尚镇静，但商店多关门，这心理觉得有些可笑。关门大约是防御轰炸吧，然而飞机的炸弹如投不中你的店铺，你何须乎关门？如投中了你的店铺，关门又有何益？"随后，他访问了在苏州的两位抗战老人。

一位老人是张一麐(1868—1943)，江苏吴县人，曾任民国政府的机要局长、教育总长。袁世凯策动帝制，他南返回苏，读史著书，在社会上很有威望，因他字仲仁，时人尊称为"仲老"。另一位老人是李根源(1879—1965)，云南腾冲人，留学日本时参加同盟会，返国后任云南陆军讲武堂总办，是朱德的老师，曾任民国政府的农商总长与代总理，因反对曹锟贿选总统退出政坛，隐居苏州，因他字印泉，时人尊称为"印老"。张、李两人爱国情深，积极参加抗日活动。其时报刊上盛传张一麐、李根源、马相伯等人组织"老子军"抗日一事。此事因蒋介石电阻而中止。在张一麐处，郭沫若看到写给蒋介石的复电，"文辞恳切动人"，就要求在《救亡日报》上发表，得到了张的同意。临别时张一麐将他所临写的苏轼《天际帖》的墨宝相赠留念。"李老是在一座小小的农人家里遇着的，穿着异常朴素，一见便令人联想到《三国演义》上的关壮缪。"（关壮缪即关羽）"李老雄于谈，音调甚激烈，犹有当年叱咤三军之概"。郭沫若对两位老人的爱国热忱和抗战决心赞赏备至。他说："这张、李二老，在抗战坚决上，值得称为'天下之二老'。"

此日傍晚6时，郭沫若乘汽车离开苏州。

参考文献：

郭沫若：《革命春秋(沫若自传第3卷)》，人民文学出版社，1979年版。

中共六大代表潘家辰

1928 年 6 月，中国共产党第六次全国代表大会在苏联莫斯科召开，苏州籍的党员潘家辰，作为指定及旁听代表、翻译，参加了大会，代表证编号 50。

潘家辰（1904—1932）出生于苏州富仁坊巷著名的潘家大族，潘家到他父辈时已经趋于衰落。民国初起，军阀混战，他父亲留学日本返国后一时未能找到合适的职业，一家人生活拮据不堪。他母亲是昆山人，带了儿子长住在娘家。潘家辰在昆山度过幼年和少年时代。社会动乱、家境窘迫，在潘家辰的脑海里留下深深的烙印。1919 年，五四运动的浪潮波及昆山，少年潘家辰以浓厚的兴趣关注时事，阅读传播新思想、新文化的报刊，受到较大的影响。他憎恨这个充满不平等的世道，对没落腐朽的旧社会十分反感。

1920 年潘家辰的父亲在北京谋得职业后，将妻子儿女接来同住。潘家辰到京后，补习了几个月的俄文，考入北洋政府外交部办的俄文专修馆。在那里，他结识了高年级的学生江苏同乡瞿秋白，有了更开阔的视野。他热衷于借阅《新青年》、《新潮》、《晨报副刊》之类宣传马克思主义的进步书刊，革命思想

潘家辰

进一步萌生。此年 10 月，瞿秋白受聘担任北京《晨报》驻莫斯科特约记者。不久，《晨报》就连续刊载瞿秋白所写的《共产主义之人间》、《俄罗斯工人及协作社问题》等数十篇通讯，报道十月革命后苏联的政治、经济、文化情况。潘家辰读到这些文章，激动不已，内心充满对第一个社会主义国家的向往。1923年他从专修馆毕业，毅然放弃到中东铁路当高级职员的机会，决定前去苏联继续学习，并争取到家庭的同意和支持。

19 岁的潘家辰到苏联后，进入莫斯科东方劳动者共产主义大学。由于他俄文功底好，能直接听懂苏联教员上课，进步很快。他接受和树立了马克思主义信仰，在赵世炎、王若飞等人的培养下，1924 年初加入了中国共产党。从此，他把自己同党的事业紧密联系在一起。1925 年上海发生五卅运动，他和同学一起组织了宣传队，到莫斯科街头向苏联人民揭露帝国主义和封建军阀勾结起来屠杀中国人民的罪行。是年，共产国际在莫斯科创办中山大学，为中国革命高潮到来加速培养干部，潘家辰被调到中山大学担任翻译和俄文教师。在中山大学，他与来自山东的学生庄东晓相识，并于 1926 年结婚。

1927 年国民党发动"四一二"政变，全国革命形势骤变，斗争尖锐而复杂。是年秋，潘家辰随共产国际视察团秘密回国，在中共中央国际联络处工作。共产国际与中共中央来往的文件、报告都要经过该处翻译和互送，工作十分繁忙。党为了认真总结大革命失败以来的经验教训，确定革命斗争的路线和任务，召开一次全国代表大会，是非常迫切和重要的。由于国内正值白色恐怖时期，召开代表大会的地点成为问题。经与共产国际商量，中共决定在苏联境内召开六大，各地代表分批秘密赶赴会场所在地。

根据组织决定，潘家辰作为指定代表参加了大会，并在会上担任翻译工作。指定及旁听代表，是指由中央指定参加会议的人员，包括工作人员、旁听人员。他们和正式代表一起编号参加会议，但没有表决权。出席六大的代表共有 142 人，其中 84 人是有表决权的正式代表。潘家辰与一批同志历尽艰难到达莫斯科，庄东晓与另一批人也来苏联参加大会。六大于 1928 年 6 月 18 日至 7 月 11 日在莫斯科郊区举行，历时 24 天。瞿秋白在中共六大上做了《中国革命与共产党》的政治报告，周恩来做关于组织问题和军事问题的报告，共产国际代表布哈林做《中国革命与中共任务》的报告。大会在共产国际的帮助下，在一系列有关中国革命的根本问题上做出了基本正确的回答。会议通过了各方面的决议和经过修改的《中国共产党党章》，选出由 23 名中央委员和 14 名候补中央委员组成的新一届中央委员会。六大统一了全党思想，对中国革命运动的发展，产生积极的作用。六大以后，潘家辰、庄东晓留在苏联列宁学院继续学习。

六大后的两年间，中国革命出现走向复兴的局面。大革命失败后似乎已陷入绝境的共产党，经过艰苦的斗争，又重新壮大起来。党抓住军阀混战的时机，发动农民实行土地革命，建立革命政权，红军和根据地不断巩固和扩大。由于各根据地急需干部，潘家辰夫妇于 1930 年底返国，分配到湘鄂西根据地工作。1931 年 5 月 1 日，他们到达湘鄂西苏维埃政府驻地湖北省洪湖苏区的瞿家湾。潘家辰担任了湘鄂西临时省委巡视员，后来又担任湘鄂西省苏维埃政府经济部长。他努力工作，呕心沥血致力于红军和根据地的经济建设，还在根据地开办的列宁大学里兼课，主讲农民问题和土地问题。

1931 年起，以教条主义为特征的王明"左"倾错误路线在党中央占了主导地位。"左"倾冒险主义的中央通过派遣中央代表或新的领导干部，将错误路线逐渐推行到红军和根据地中。潘家辰和一些同志对"左"倾冒险主义表示有不同意见，从而与当时担任湘鄂西中央分局书记的夏曦产生分歧。1932 年 5 月，湘鄂西根据地在夏曦主持下开展在错误路线影响下的"肃反"，潘家辰被加上"反党"的罪名而逮捕。不久，他和万涛、柳直荀等人均被错杀。党的十一届三中全会以后，潘家辰得到平反昭雪。1984 年他的烈士肖像被挂进洪湖边的湘鄂西烈士纪念馆。1985 年，洪湖县委和县人民政府在烈士遇难的地方——雷家墩青龙庙建立了烈士墓和纪念碑，永久地怀念这位忠诚的共产主义战士。

参考文献：

1. 潘家晋、潘家凤：《回忆与思念》，载《苏州史志资料选辑》第 24 辑，内部资料，1999 年版。

2. 李蓉：《中共六大轶事》，人民出版社，2010 年 6 月版。

陈云巡视苏州党的工作

陈云（1905—1995），江苏青浦人（现属上海市），中国共产党第一代、第二代中央领导集体的重要成员，中国社会主义经济建设的开创者和奠基人之一。在20世纪20年代末30年代初，陈云在中共江苏省委工作时，曾经多次秘密到苏州视察和指导党的工作，推动处于低潮中的苏州革命运动。

青年陈云

陈云出生于邻近苏州的青浦练塘镇的一个农民家庭，15岁即到上海商务印书馆当学徒。他勤奋好学，作风正派，不久就成为印书馆得力的店员。中国共产党诞生后，职工众多的商务印书馆是党的一个重要活动据点，陈云较早受到进步思想的影响。1925年，陈云积极参加了反帝爱国的五卅运动。8月，他担任了商务印书馆发行所罢工委员会（后为职工会）委员长，成为商务印书馆大罢工的领导人之一。这次罢工在党组织的领导下，取得了胜利。陈云随即加入了中国共产党。1926年10月至1927年3月，陈云作为基层工会负责人，参加了上海工人接应北伐的三次武装起义。北伐军进入上海后，蒋介石发动了"四一二"反革命政变，中共活动转入了地下。中共中央决定分别组建江苏省委、浙江省委。江苏省委兼上海市委，设在上海市内，秘密领导上海和江苏各地(当时称外县)的革命斗争。九、十月间，江苏省委按照八七会议的方针，动员在上海的党员到外县去发动农民，组织秋收暴动。陈云就此离开商务印书馆，走上职业革命家的道路。

陈云返回家乡担任中共青浦县委书记，1928 年初，他发动和领导了青浦小蒸农民暴动、松江枫泾农民暴动。不久他担任中共淞浦特委组织部长，1929 年 1 月发动和领导了奉贤庄行农民暴动。由于敌我力量对比悬殊，这些暴动都很难成功，但打击了反动势力的嚣张气焰，鼓舞了农民群众团结斗争的信心。陈云在这些革命活动中得到了锻炼和成长。1929 年六、七月间，陈云担任省委沪宁路巡视员，负责巡视苏州至南京各城市间党的工作，开展调查研究，并及时进行工作指导。9 月，陈云又担任江苏省委农委(全称农民运动委员会)书记，负责领导全省的农民运动，他的工作担子就更重了。

当时苏州党的工作正处在极其艰难的时期。在"四一二"政变后，中共苏州独立支部改建为吴县县委，不久改为苏州县委。在国民党反动派的残酷镇压中，中共苏州地方的党团组织在 1928 年连遭破坏。省委继续派人到苏州恢复和坚持党的地下斗争，革命的火炬始终在江南古城中燃烧。1929 年，在中共六大路线的指引下，大革命失败以后的中国革命形势得到初步的复兴。此时代表江苏省委的陈云到苏州巡视，任务是推动苏州革命形势的发展，恢复和促进苏州党的工作。

陈云担任省委巡视员后，曾经两次到苏州。担任省委农委书记后，又到过苏州。在苏州，他直接参加了党的基层支部会议，与基层党员讨论了帝国主义在苏州的经济侵略以及富农等问题。通过实地考察，陈云深感包括苏州在内的江苏各地的现实迫切要求加强党的组织，健全党的支部，以领导广大工农群众开展革命斗争。

陈云返回上海后向省委常委会汇报了情况，并根据会议意见分别起草了省委对江苏各地工作的指示信。1929 年 10 月 3 日，省委发出陈云所起草的致苏州县委的信：《关于工人斗争、秋收起义、发展和改造党等问题的指示》。在中央档案馆、江苏省档案馆编印的《江苏革命历史文件汇集》中，载有此信的全文。此信批评了当时苏州的党组织脱离群众，在党组织发展问题上处于"和平保守"状态。信中提出了今后的工作意见：

《江苏革命历史文件汇编》书影

布尔什维克的党是领导工农广大群众斗争的党，党必须有千百万劳苦工农群众拥护党。要完成它目前革命阶段的任务，只有组织广大工农群众于党的周围，（在）领导广大群众的不断争斗中，使群众走向武装暴动夺取政权的面前。……

如果党脱离了群众，即断绝了党的生命和活动。……

苏州工人斗争虽已开始复兴，发动群众的日常细小斗争的原则，仍须应用。党必须找出群众中迫切要求，鼓动群众起来斗争，使每个日常细小的斗争的胜利生长到大的斗争，使经济斗争联结到政治斗争，一般的须注意求得斗争的胜利，在斗争中领导群众组织群众，建立党的群众工作的基础。……

苏州党必须自县委到支部同志实际去发动中心区域产业工人的斗争，才能建立中心工作。目前万分必要的，县委机关必须搬到盘门附近去，行动上接近群众，才能了解工人生活，发动工人斗争，建立中心工作。……

县委必须立即开始农村中经常巡视工作，要经常的派人巡视，整理支部，发动农村中的斗争；立即布置今年的秋收斗争，由日常的斗争扩大到减租抗租抗税抗债斗争，深入土地革命和苏维埃政权的宣传。……

积极的深入产业工人中发动斗争，创造群众工作，才可以建立党的无产阶级的基础，肃清同志不正确的倾向，改善党的质量，建立支部生活，使同志对于铁的纪律的认识和遵守，以后发现同志的动摇，坚决的执行纪律。……

综观全信内容，此信贯彻了中共六大决议的精神，遵循六大制定的争取广大群众、准备新的革命高潮到来的总方针，但也有着当时党内存在的"左"的倾向的影响。如指示要求"坚决运用公开路线，更使党的政治影响深入到群众中去"，"加紧雇农贫农反富农的斗争"等等。陈云作为只有24岁，而且到省委领导机关工作不久的年轻人，对党的工作总的政治路线的把握，是坚决按照中央、省委的决议来进行的。此信指示明确具体，反映了青年陈云在政治上的成长以及工作的努力。随后一个时期，江苏省委又几次致信苏州县委指示工作。

苏州县委在省委领导下,坚持同国民党反动派开展积极的斗争。但由于国民党日益强化对沪宁线上主要城市的统治,白色恐怖日趋严重,中共地下党的活动异常艰难。苏州县委从实际出发,在活动中尽量采取隐蔽分散和合法斗争的形式,在当时的条件下,维护群众利益,显示人民群众团结起来的力量,并着眼于保存革命的火种。

1930 年 9 月,陈云在中共六届三中全会上被选为中央候补委员,在翌年 1 月召开的六届四中全会上被选为中央委员,并先后担任了中共江苏省委书记、中央特科书记、中华全国总工会党团书记等职,成为中共中央领导集体的一员。1931 年之后,由于党的重要负责人顾顺章、向忠发、卢福坦等人相继被捕叛变,中共中央机关在上海难以立足,决定迁往中央苏区。1933 年 1 月,陈云离开上海前往苏区,开始了在革命根据地的新征程。

参考文献:

1. 中央档案馆、江苏省档案馆:《江苏革命历史文件汇集甲 7(省委文件)》,内部资料,1986 年版。

2. 金冲及、陈群主编:《陈云传》,中央文献出版社,2005 年版。

匡亚明在苏州走上革命道路

匡亚明(1906—1996)，江苏丹阳人，是 20 世纪 20 年代就投身革命的共产党员，经历了中国人民解放事业的整个过程。新中国成立以后，他长期从事党的宣传、教育和行政领导工作，以两度出任南京大学校长而闻名海内外。

匡亚明在乐益女中时留影

当年苏州古城内的江苏省立第一师范学校(简称一师，现苏州中学的前身)，就是匡亚明走上革命道路的起点。

匡亚明出生于一个贫寒的私塾教师之家。他由于父亲早逝，在家乡的丹阳吕城县立高等小学毕业后，因家庭经济拮据而面临失学的危机。匡亚明喜爱读书，志向远大，决心报考可以免交学费、伙食费的学校继续学业。1923 年，17 岁的匡亚明如愿来到苏州进入一师。

地处中国工业中心城市上海附近的苏州，工商业和教育文化事业都比较发达，在革命知识分子和早期共产党人的宣传活动之下，以民主和科学为核心的革命思想得到较广的传播。匡亚明进入一师后，有机会接触他为之向往的反帝反封建的革命思想，他的眼前出现了一个崭新的世界。他尽管是一个穷学生，但勤奋好学，性格热情，积极参加各种社会活动，在本地及上海的报刊上，还不时发表一些很有见解的文章。他不久就成为一师学生会的干事。当时恽代英、萧楚女等革命家经常到苏州来进行演讲活动，宣传革命和进步的思想，使匡亚明受到很大的影响。他曾经深有感触地回忆，恽代英是他的革命引路人。1924 年下半年，匡亚明出于爱国热忱，加入国共合作后的中国国民党。

1925 年，在一师求学的匡亚明经历和参与了震动全国的两大政治事件。一是 3 月 12 日孙中山在北京与世长辞，举国上下纷纷举行哀悼活动。苏州的各社会团体，包括各学校学生会，很快就发动和组织各界民众以各种方式进行悼念。这次活动成为一次广泛传播孙中山的遗嘱和革命精神的声势浩大的革命宣传活动。二是 5 月 30 日在上海爆发的震惊中外的五卅惨案。帝国主义侵略者在中国土地上随意屠杀中国工人，激起了中国人民的反帝热潮。在中国共产党的领导和发动下，苏州人民也迅速地行动起来，开展了一场轰轰烈烈的支援上海人民的五卅反帝爱国斗争。青年学生匡亚明在现实的革命斗争中，思想发生了很大的变化。他曾在 1931 年所写的《从空想到实际》一文中说到：

随着五卅运动的波浪，我的思想起了巨大的转变。五卅运动使我对于整个的社会作了批判的考察，国际间的政治与中国之半殖民地的境遇，特别的引起了我检讨的兴味。……现时代不能解决的许多社会问题，促醒了自己对于这些问题的解决的责任心。

1926 年上半年，匡亚明由于是学生会干部并积极参加学生运动的缘故，被一师当局开除学籍。同年夏，经恽代英推荐，他经考试插班进入了上海大学中文系二年级。是年 8 月，他加入了共青团，9 月转为中共党员，从而成为一个真正的无产阶级先锋队战士。不久，他在上海担任共青团的区委书记，投入艰苦卓绝的革命斗争之中。

1926 年以后的 3 年间，中国政局风云变幻，也是匡亚明经受严峻考验、锤炼革命意志的时代。在上海，他因从事地下革命活动第一次被敌人逮捕而坐牢；在宜兴，他以共青团江苏省委特派员身份，参加领导了宜兴秋收起义。1929 年上半年，在革命处于低潮时，匡亚明又来到了苏州，隐蔽在私立乐益女子中学任语文教师，从而在古城又留下了他的踪影。

位于苏州皇府基的乐益女中是由开明士绅张冀牗创办的一所新式学校。1925 年 9 月，叶天底、侯绍裘、张闻天在乐益女中秘密成立中共苏州独立支部，领导了当时苏州的革命活动。1929 年，党的秘密机关已不在乐益，但在一代革命者影响下进步开放的校风依然留存。匡亚明在乐益任教时，积极推动乐益以及苏州的进步演剧活动，继续在学生中和社会上传播民主与革命的思想。

当时与他交往与合作甚多的有后来成为著名剧作家的于伶。于伶是江苏宜兴人，1925 年入省立一师上学，毕业于后来的苏州中学。1929 年 7 月，于伶等在乐益女中的毕业游艺晚会

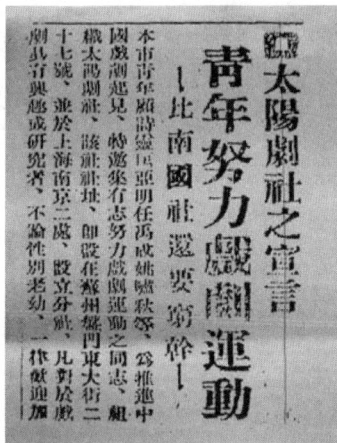

《太阳剧社之宣言》，载于 1929 年 7 月 22 日《苏州明报》

上，演出了田汉的《湖上的悲剧》和新剧《险些儿给他吃掉》。在乐益女中，匡亚明亦为学生组织和排演了田汉的《南归》等剧。

1929 年 7 月 22 日的《苏州明报》第 3 版，刊载了一则《太阳剧社之宣言》，全文如下：

太阳剧社之宣言，青年努力戏剧运动，比南国社还要穷干。本市青年顾诗灵、匡亚明、任禹成、姚啸秋等，为推进中国戏剧起见，特邀集有志努力戏剧运动之同志，组织太阳剧社。该社社址，即设在苏州盘门东大街 27 号，并于上海南京二处，设立分社。凡对于戏剧具有兴趣或研究者，不论性别老幼，一律欢迎加入。

南国社，指的是由中国杰出的戏剧家、文学家田汉等人于 20 世纪 20 年代在上海成立的现代戏剧团体。该团的活动扩大了中国新兴话剧的社会影响，推动了中国的新文艺运动。顾诗灵当时也是乐益女中的教师，任禹成是于伶的本名，姚啸秋当时是《苏州明报》记者。他们与匡亚明等人以南国社为榜样，使苏州的进步演剧活动也出现了一个新的局面。8 月 10 日，他们在沧浪亭正式召开太阳剧社成立会议，不久又出版社刊。太阳剧社，在苏州近代戏剧史上有着熠熠生辉的一页。

1930 年初，匡亚明去上海到反帝大同盟和上海总工会工作。从而又离开了古城。对一师和乐益女中，匡亚明有着深深的留恋之情。现苏州中学"科学楼"的匾额，是由匡亚明所题。他晚年重到苏州时，曾特意到九如巷看望张家后人以及乐益女中旧址。

参考文献：

1. 匡亚明纪念文集编委会：《匡亚明纪念文集》，南京大学出版社，1997
　年版。

2. 沈道初：《匡亚明论世治学》，吉林人民出版社，2003 年版。

邹韬奋与苏州的不解之缘

邹韬奋(1895—1944)，江西余江人，中国现代著名的出版家和新闻记者，在 20 世纪中华民族内忧外患交织的艰难岁月，他的文章曾经影响了整整一代青年的成长，唤起无数人走上抗日救亡的前线。邹韬奋自己从一个爱国主义、民主主义者走上共产主义者的道路。1944 年邹韬奋病逝后，中共中央根据他的遗愿，追认他为中

邹韬奋

共正式党员。邹韬奋大部分人生是在上海度过的，但他的一生中，有两件大事，与苏州结下了不解的情缘。

第一件大事是邹韬奋在苏州喜结良缘，他的夫人沈粹缜是苏州人。邹韬奋在与沈粹缜结婚之前有过一次短暂的婚姻。他自上海圣约翰大学毕业参加工作后，1923 年与早有婚约的叶复琼女士成亲。这次婚姻虽说是应"父母之命"，但婚后两人夫妻相爱，感情笃厚。不料在 1925 年初叶女士因患伤寒病不幸去世。邹韬奋为此悲伤万分，一段时间内心情沉郁。同事和朋友对他十分关心，在中华职业教育社的杨卫玉先生介绍下，他与苏州女子职业学校的年轻女教师沈粹缜相识。沈粹缜出身于苏州的一个书香世家，二姑母就是苏州刺绣名家沈寿。沈粹缜在少年时即随姑母在北京学刺绣，后来又到南通女红传习所继续学习，毕业后在南通留校当了两年助教，然后到苏州女子职业学校任

美术科主任。当时杨卫玉兼任苏州女职的校长。据沈粹缜回忆，她与邹韬奋的第一次相见是在上海北火车站。那一天，她带了一班学生到上海参观，邹韬奋正要乘车去昆山演讲，在杨卫玉的陪同下，两人相遇。当时沈粹缜对和邹韬奋今后要发展的关系尚蒙在鼓里。但相识以后两人即真情交往，后来就在苏州的留园订婚。以后一段时间每逢星期天邹韬奋就到苏州来看望沈粹缜。1926 年结婚后，沈粹缜就辞去苏州的工作，到上海和邹韬奋共同生活。从此，邹韬奋有了一位志同道合、相沫以濡，在生活和事业上都尽心竭力给予支持的贤内助，他们同甘共苦地度过了风风雨雨的 18 年。

第二件大事是邹韬奋因爱国获罪在苏州坐牢。这就是当年闻名于海内外的"七君子"事件。1931 年日本帝国主义制造了"九一八"事变，入侵中国东北地区。南京国民党政府没有极力抵抗，中国各地掀起了抗日救亡运动的浪潮。在国家存亡危急之时，邹韬奋出于爱国热情，奋笔抨击时政，号召民众积极参加抗日救亡运动。身为《生活》周刊主编的他遭到了国民党政府的迫害。1936 年 5 月，宋庆龄、何香凝、沈钧儒等爱国人士在上海成立了全国各界救国联合会，呼吁国民党停止内战，释放政治犯，并同中共谈判，一致抗日。邹韬奋担任了救国会的执行委员。1936 年 11 月 23 日，国

邹韬奋与和夫人沈粹缜
在苏州看守所留影

民党政府以"危害民国"罪在上海逮捕了救国会领袖沈钧儒等7人，邹韬奋是其中之一。由于这7人都是伸张正义的爱国志士，人称"七君子"。12月4日，邹韬奋和沈钧儒、章乃器、李公朴、王造时、沙千里等6人从上海被押解到苏州城里的吴县横街江苏高等法院看守分所拘禁，将由省高院开庭审讯。史良于12月30日到苏州自动投案，押在司前街看守所女监。邹韬奋由此在苏州度过了长达243天的铁窗生涯。

在苏州关押期间，邹韬奋与其他人团结一致，一起在法庭上向国民党当局进行了坚强不屈的斗争，进一步扩大了抗日救国运动在社会上的影响。6月11日法院刑事第一法庭首次开庭审理七君子事件案。邹韬奋等人对于公开审理，认为是宣传抗日救国主张的一种机会，因此都做了准备充分的申辩。他们不计较个人的私利，着眼于抗日救国的大局，在申辩中始终大张正义，强调救国无罪，从而把检察官驳斥得狼狈不堪。邹韬奋为前来采访的上海《新闻报》记者陆诒题词："力争救国无罪，不是为个人是为着救亡运动的前途。不许侮辱人格，也不是为个人是为中华民族人格的光辉。"

在苏州狱中，邹韬奋坚持工作，每天勤奋写作。《经历》是他在苏州狱中写成的一部自传体的著作，记述了一个刻苦攻读的莘莘学子成为一名坚强的革命文化志士的奋斗历程。与此同时，他写完了《萍踪忆语》的最后8篇，这本书记述了他考察美国的观感。他把1936年下半年发表的文章选编成册，取名《展望》。此外，他又翻译了在英国阅读马克思主义著作的一部分笔记，选编成《读书偶译》一书。沈粹缜和七君子其他人的亲属多次到苏州探监，给予邹韬奋等人极大的安慰和支持。

1937 年七七事变后，全国逐渐形成团结抗日的局面。由于邹韬奋等人的坚决斗争，在各界人士的积极营救和广大人民群众的大力声援下，国民党政府不得不于 7 月 31 日将"七君子""交保释放"。获释当天闻讯而来的近千名群众在看守所门前迎接他们，邹韬奋和他们一起高唱《义勇军进行曲》，大家前呼后拥将他们送到花园饭店，并召开了欢迎会。邹韬奋在会上表示："抗战精神，始终不渝。""七君子"事件是中国革命史上的重要事件，"七君子"在苏州狱中坚持抗日爱国立场的斗争，为苏州人民革命史增添了光彩。

参考文献：

1. 邹韬奋：《经历》，三联书店，1978 年版。

2. 中共苏州市委统战部、中共苏州市委党史工作办公室、苏州市档案局：

《七君子在苏州狱中》，内部资料，1986 年版。

3. 陈挥：《韬奋评传》，上海交通大学出版社，2009 年版。

胡绳在苏州的学子经历

胡绳（1918—2000），原名项志逖，中共党内著名的马克思主义理论家、历史学家。1938年加入中国共产党，新中国成立后曾任政务院出版总署党组书记、中宣部秘书长、《红旗》杂志副总编、中央党史研究室主任、中国社会科学院院长、全国政协副主席等职。胡绳逝世后，新华社在播发的《胡绳同志生平》

青年时代的胡绳

一文中，用了"少年早慧"四个字，这是很少见的。胡绳出生于苏州，从小学至高中的青少年时代是在苏州度过的，回顾他这一时期的学子经历，可以说用"少年早慧"的评语是很贴切的。

胡绳幼小时就由父母在家中教他读书识字，习诵古文诗词。他悟性强，文化水平和理解能力很快超过同龄人，因此一上小学就插班进入五年级。苏州档案馆所藏的1926年吴县教育会年刊上，载当年参加全县第六次小学生演讲会的报名单，其中有胡绳。"项志逖，吴，市一，《对于公共饮料之我见》。"吴，指的是籍贯吴县；市一，是当时位于苏州城内新学前的苏州市第一小学，即后来的平江区实验小学的前身；《对于公共饮料之我见》，是他的演讲题。这则史料，为胡绳就读的小学母校找到了确实的依据，同时也是胡绳在学校参加课外活动的第一次记录。

年仅 8 岁的胡绳对于社会问题就能勇于发表自己的见解。

1928 年胡绳小学毕业后，入苏州中学初中部，至 1931 年又考入苏州中学高中师范科。苏州中学素以名师众多、学风严谨、人才辈出而著称。苏州中学的学生学习认真，思想活跃。进入苏高中后，胡绳日益关心时事，关心国家的命运和前途，在学习文化知识的同时积极参加校内的课外活动。全校当时成立了各种学科的研究会，胡绳参加了社会学和国文的研究会，还被选为国文研究会常务和国文墙报的编辑。国文墙报曾经开展一场"国故价值问题"的大辩论，胡绳积极参加了这场辩论。

1931 年日本侵占东北的"九一八"事变发生后，全国掀起抗日救亡运动的浪潮。深重的民族危机激起进步学生强烈的爱国热情，13 岁的少年胡绳成为苏州中学抗日救亡活动的中坚人物。他参加了学校的罢课，并作为宣传队的一员走出校门进行抗日演讲。据苏州中学演讲队工作报告表的记载，胡绳曾参加过三次演讲。一次是在胥门附近，听讲的有六七十人；一次是在胥门茶店，听讲的有四五十人；还有一次是在金门外，听讲的有一百人。宣讲的内容主要有拒买日货、不怕对日宣战、发动工人群众参加抗日救亡运动等等。胡绳又与同学扒火车去南京向国民政府请愿。但国民党蒋介石对进步学生要求抗日的请愿活动采取了敷衍的态度，使他们感到十分失望。

此时胡绳就开始接触马列著作和中共地下党的出版物，逐渐把国家和人民的希望寄托于共产党。有一次上英文课，他不看英文课本，另外拿了一本书看。当时的上课老师吕叔湘以为他在看《西游记》之类的小说书，便慢慢绕到胡绳背后，一下子把书抽了出来。原来胡绳所看的书是马克思所写的《哲学的贫困》，这使吕叔湘吃了一惊。吕叔湘很有教学经验并十分爱才，他没有任何责备地把书还给了胡绳。胡绳在苏州中学的进步教师孙起孟等人的影响下，还带了一些同学到家中开办读书会，在他家的厢房里交流阅读进步书刊的心得体会，议论国家大事。他们曾经在苏州中学为纪念马克思逝世50周年办了一期专题壁报。

关于当时的读书情况，胡绳在晚年所吟的《忆苏州》诗中有所提及。

《忆苏州》之四玄妙观

徘徊市聚欲何如？古殿昏茫树影疏。

独有老翁解人意，探囊取出逸奇书。

胡绳自注："玄妙观处于闹市，30年代初在此处之旧书摊购得《中国大革命史》等禁书。"

《忆苏州》之五沧浪亭：

石幽径曲小轩明，巨笔屠龙读后惊。

忧愤欲挥长夜泪，满园花木寂无声。

胡绳自注："1933年三四月间于沧浪亭图书馆内，从新出杂志上读鲁迅《为了忘却的纪念》，深为激动。"

在苏州中学，胡绳与吴大琨、马继宗等主张"文学救国"的同学创办了《文学旬刊》，在这块文学阵地上发表进步学生创作的抗日诗歌、散文、小说。他们还发起组织百合文艺社，创办《百合》杂志。尽管这些学生刊物的存在时间都不长，但胡绳在写作及社会活动方面的能力被同学所认可，他曾被推选担任了苏州中学学生会主席。

胡绳在苏州中学 1933 年校刊上所发表的作品中，有一首长诗《日落之歌》，显示了他不凡的文学才华。全诗长 67 行，感情充沛地描绘和歌颂了日落的壮观景象。更值得称道的是诗意最后着眼于太阳再次崛起的希望：

　　我们仍然有着力，有着希望，

　　虽然黑夜将偷来袭围我们，

　　尽它是如此黑暗如此冷；

　　但在又一天的清晨，

　　从东方将又推出一轮，

　　从你无限的热情中，我们

　　又来了温暖，又来了光明；

　　虽然而今你已经陨落，陨落，但

　　啊，你不息的伟大的精灵啊，

　　你将得到永生，得到永生！

胡绳等几位苏州中学进步学生的抗日爱国言行，引起了反动当局的不满。1933 年初夏，吴县国民党军警要来校逮捕他们。时任苏州中学校长的胡焕庸及时关照他们离校，胡绳随后转到上海复旦中学就读高中三年级，于 1934 年考上北京大学哲学系。1935 年 9 月他离开北大又到上海从事共产党领导的文化活动和抗日救亡运动，20 岁时成为

胡绳晚年回母校，"江苏省苏州中学"校名系胡绳所题

一名信念坚定的共产党人，为民族的解放、人民的幸福而奋斗终生。

参考文献：

1. 胡绳：《胡绳诗存》（增订本），中国社会科学出版社，1996 年版。

2. 蒋纪序：《大师夙愿今日酬——为胡绳同志寻找母校小记》，载《档案与建设》，2002 年第 1 期。

3. 胡铁军：《苏中奠定了胡绳一生的基础》，载《百年苏中卷一：三元春秋》，苏州大学出版社，2005 年版。

江上青的狱中诗篇

江上青（1911—1939），原名江世侯，江苏扬州人。在中学读书时就投身进步学生运动，走上革命道路。1927年加入共青团，1929年转为共产党员。1939年江上青担任中共皖东北特委委员，致力于开辟皖东北抗日根据地，8月29日遭反动地主武装袭击而牺牲，年仅28岁。江上青与夫人王者兰育有长女泽玲、次女泽慧。江上青牺牲后，长兄江世俊的次子泽民过继给江上青为子。

江上青

在江上青短暂而光辉的革命生涯中，曾有过两次关押在苏州监狱的经历。1928年12月，他在家乡从事革命活动时，在家中被国民党当局以学运骨干分子为名逮捕，后押解到苏州关在司前街江苏省高等法院看守所。在法院开庭审讯时，江上青的父亲请了律师为他辩护，至1929年5月才以年幼无知予以释放。江上青出狱后，追求革命的意志更加坚定。是年8月，他到由田汉等著名进步文化人士执教的上海艺术大学就读，团的关系直接转为中共党员，并担任了中共上海艺大支部书记。12月，他在参加党组织的会议时又一次被捕，关在提篮桥监狱。因"犯罪"证据不足，以"共党嫌疑"的罪名，判处一年苦役，不久转到苏州第三监狱关押。至 1930 年 12 月押回上海审讯后获释。

江上青出生于诗书之家，早年随父亲、姑父学习诗文，有扎实的古典文学基础。父亲江石溪能诗擅画，是扬州冶春诗社成员，著有《笔花吟馆诗稿》。青少年时代他受五四新文化运动的影响，爱好郭沫若等人的新诗作品。江上青本人就是一位很有才华的诗人，作品既有格律诗词，也有白话新诗。他以诗篇抒情言志，记录斗争经历。中央文献出版社 2011 年出版了《秋山红叶走征途——江上青烈士诗文选》一书，收录江上青诗词 45 首，其中有作者记述上海、苏州狱中经历的 8 首白话诗，写于 1929 年冬至 1930 年。标题如下：

《秋山红叶走征途——江上青烈士诗文选》书影

《赤裸着身体》、《冷漠的世界》、《心脏的拥抱》、《饿是武器》、《缝衣人》、《我重新来到了这里》、《八个人了》、《我被黑色的小嘴吐出来》。

江上青刚入狱就赤裸裸地接受狱吏的检查。面对恐怖的黑牢，江上青写道：

> 一件一件地脱去我们底衣裳，
>
> 恐怖驱散了寒冷，遮掩了羞涩，
>
> 赤裸着身体听候"再生"的宣判吧……
>
> 不用忏悔，也不用有空虚的幻觉，
>
> 应该惭愧自己的意志颓伤。

默念着，默念着不远的

给我们看见的不远的东方。

——《赤裸着身体》

在冷酷的牢笼中，江上青心中仍寄希望于燃烧着的"青春之火"：

……踏进另外一个世界，

生存在里面是无限的空漠，

无限的空漠和冰窖般的寒冷。

怕我们底青春会埋葬在冷漠的世界里，

为什么不燃烧起血和心脏？

变成青春的火紧伴着我们！

——《冷漠的世界》

江上青第二次被捕，又来到苏州古城的监狱：

我重新来到了这里，

一切都是熟悉的，

不但是亲爱的同伴们，

就是那每个人，每个同难的朋友，

对于我都有着熟悉的脸的。

他们用着热烈的，含笑意的，

诚挚而密切的生死共同的脸欢迎我，

和我底同伴一般地。……

——《我重新来到了这里》

监狱是锤炼革命者意志的特殊战场，江上青写道：

生活在它们中间，

钢铁和水门汀中间，

我们觉得慢慢地，

慢慢地回复到青春，

力底的青春了。

血管里重新注进钢铁的血潮，

坚凝的水门汀磨去我们肤面底脂膏，

——心脏被锻炼了。……

——《心脏的拥抱》

江上青在苏州监狱关押过的牢房中曾有 9 个人，难友们团结一致，同甘共苦，"九个人"是他们共同的称呼。但身强力壮的"老胡"在监狱非人的折磨中病死了，江上青为失去的难友而痛心：

……"八个人"是告诉我们"九个人"毁灭了，

是呵，我们将永远听不到"九个人"的称呼。

从今只有八个人了，

第二次建立我们的称呼，

一方面纪念着老胡，

一方面更有力地生活下去！

——《八个人了》

1930 年 12 月，江上青获释，因在狱中身体受到摧残，带病返家。第二次从牢门中走出，他比喻为是被"黑色的小嘴吐出"，为经受了严峻考验而感到骄傲。他写道：

……宽阔的宇宙剧变得使我晕眩，

一瞬间我彷徨在生疏的天幕底下；

然而我毕竟享受到了新的光辉的洗礼，

仰视着太阳，我骄傲起来了。

——《我被黑色的小嘴吐出来》

出狱后的江上青怀念倒下去的难友，心中更多的是愤怒。他写下《血的启示——悼死难的战友》一诗，激励自己要增添继续斗争下去的勇气：

时代染成了这幅血的油画，

一滴一滴地流出来的血，

要永远涂在历史上面，

不能让银色的恐怖遮掩了灿烂的光辉。……

它启示我们的，

是我们应该负起血的使命呵！

——《血的启示——悼死难的战友》

先烈留遗墨，丹心照汗青。江上青的狱中诗篇，体现了作者远大的抱负、广阔的胸怀和革命的精神，是励志后人的生动教材。

参考文献：

1.江苏省民政厅、中共泗洪县委党史工作委员会：《缅怀江上青烈士》，江苏人民出版社，2000 年版。

2.中共江苏省委党史工作办公室：《秋山红叶走征途——江上青烈士诗文选》，中央文献出版社，2011 年版。

管文蔚两度苏州坐牢

管文蔚(1904—1993),江苏丹阳人,曾就读于无锡的江苏省立第三师范学校,1926年加入中国共产党。新中国成立后,曾任中共苏南军区司令员、苏南行政公署主任、江苏省委副书记、江苏省副省长、江苏省政协副主席等职。管文蔚在与国民党政府进行斗争的革命时期,曾遭逮捕,度过了为期7年的铁窗生涯,其间两度被关押于苏州的监狱中。

青年管文蔚

1930年4月,管文蔚担任中共无锡县委书记,在无锡领导工人罢工时被内奸告密而被捕。管文蔚被抓时用名管兰亭,在无锡军警的严刑审讯下,他没有暴露真实的身份。一个月后,案情移送苏州的省高等法院,他被转押苏州第三分监(司前街高等法院看守所)。当时在苏州狱中建有中共党的秘密组织,在党支部的领导下,以共产党人为主的政治犯与国民党当局开展了坚决的斗争。管文蔚入狱后,积极参加了以绝食为主要手段的闹监斗争。他曾在晚年的回忆录中写道:

闹监斗争不仅仅是为了改善一些狱中的生活条件,更主要的是为了在斗争中把在押的犯人都动员起来,团结起来,在党的领导下,不断给敌人以打击,……也才能更好地启发和教育一般的难友,使他们团结在党组织的周围。

苏州的闹监在社会上引起了很大影响，国民党高等法院不得不派人到狱中和犯人谈判。监狱当局一方面答应改善一些犯人的生活条件，另一方面更是加强看管，对政治犯进行分化。在闹监斗争中，管文蔚因身份暴露而被戴上脚镣。不久，中共江苏省委指示狱中党支部要组织暴动，并要求城里的中共苏州县委发动兵变予以配合，由此发动苏州全城暴动，夺取政权。曾任中共苏州县特派员的徐家瑾在狱中任党支部书记，他与管文蔚等人秘密策划和准备了这一重大行动。但共产党将在 12 月 11 日发动苏州暴动的消息被国民党当局有所察觉，敌人警觉起来，严加防备，加强了狱中的警力。届时狱中的暴动已无法发动，城里的兵变一起事就遭镇压。暴动失败后，徐家瑾、管文蔚等 30 余名要犯就被移押镇江，交省临时军法会审判。在镇

司前街监狱

江，徐家瑾等人被敌人杀害。管文蔚由于家属出资营救，由判处死刑改为无期徒刑，又由无期改为 20 年徒刑，辗转关押于淮阴、南京等地。

1936 年管文蔚被关押在南京老虎桥的第一模范监狱。他已入狱 6 年多时间，由于当时国民党政府迫于形势对"政治犯"减刑，按《反省院条例》规定，又被转押到苏州的江苏反省院进行"感化"。 反省院是国民党政府关押"政治犯"的特殊监

狱，始建于 1931 年。1927 年以蒋介石为首的国民党反动派发动"四一二"政变，向革命人士举起了屠刀。随后，以"清党"为名，大规模捕杀共产党人和进步群众。国民党反动政权为维护其法西斯独裁统治，于 1928 年 3 月颁布了《暂行反革命治罪法》，将一切危害国民党统治秩序的言论和行动定为"反革命罪"而予以严厉惩办。但事实上，要把共产党人和进步群众全部从肉体上予以消灭，不仅是不可能的，而且必将激起更大的反抗。国民党认为更重要的是要用思想改造的手段，改变这些人的政治信仰和立场，以达到真正消灭共产党和人民革命的目的。因此在 1931 年 1 月国民党政府在颁布《危害民国紧急治罪法》的同时，又制定和实施《反省院条例》，决定在各省高等法院所在地设立反省院，关押和改造他们所定的"反革命政治犯"。此外，在南京设有首都反省院，在军事系统另设有军人反省院。各省反省院一般都设在省会城市。由于当时江苏高等法院在苏州，江苏反省院就设在苏州。因此人们把江苏反省院也称为苏州反省院。江苏反省院院址在盘门内西大街，由旧铜元局房屋改建而成。反省院设施及管理方式和普通监狱无大异，被关押者也要穿统一的囚衣，毫无人身自由。但反省院对犯人更注重于实施所谓的"训育" 和"感化"，即思想改造，来动摇和瓦解关押者的革命意志，转变其政治立场。在反省院，管文蔚穿上"51"号囚衣，院方训育主任找他谈话，内容有三条：一是到这里要守这里的规矩，不准捣乱；二是知道他的身份是共产党，在反省院不准宣传与三民主义不相容的东西；三是要好好反省。管文蔚很快感觉到，反省院表面像个学校，实际上管理非常严格，特别是在对反省人的"思想改造"方面用尽了手段。要上课、读书、记日记、汇报思想等等，有文化的人都被要求写反省的体会文章。管文蔚曾经文不对题地写了一篇类似短篇小说的东西，遭到院方训斥。后来他抄了一篇谈土耳其凯末尔革命的文章予以搪塞。不料这篇文章被院方别有用心地予以篡改，加上了"共产主义不适合土耳其，同样不适合中国"等几句话，并很快在院里所办的刊物上发表。管文蔚心里很火恼，觉得自己上当了。他找了编刊物的人提抗议，并要求声明文章被改了。但院方置之不理。在院内的一次反省人自治会的选举中，他被众人推选为会长。管文蔚在晚年的回忆录中曾谈到："对自治会的看法，当时在政治犯中有两种意见：一种是主张积极参加活动，不断揭露反动派的阴谋，为争取早日释放政治犯而斗争；也有人认为这是敌人御用工具，我们不能利用，利用就是帮助敌人欺骗。这种争论当时谁也做不出正确的结论。"实际上管文蔚当时已准备交保释放，对自治会的事无心过问，开会时一句话也没讲。

1937年5月，国共两党关系有所改善，管文蔚由父亲管士霖及丹阳县商会会长郭颂如的担保，在反省院被关押8个月后，终于获释出狱。管文蔚返乡后即投身于武装抗日的洪流之中，领导成立丹阳抗日自卫总团。不久自卫总队改编为新四军，管文蔚踏上了新的革命征程。

在新中国成立不久后开始的干部审查工作中，管文蔚在国民党监狱(包括反省院)的关押经历成为被审查的重点。1955年春夏之交，时任中共江苏省委副书记、江苏省副省长的管文蔚被隔离审查。涉及反省院的主要问题是他在《江苏反省院半月刊》上所登载的文章，以及在院内曾被选为反省人自治会会长的事。后来管文蔚被撤销党内的一切职务，留党察看两年；党龄自 1938 年重新入党算起；保留党籍、保留副省长职务、保留全国人大代表资格。管文蔚因此而受了 26 年的冤屈。他忍辱负重，仍然努力为党和人民工作。在"文化大革命"时期，管文蔚理所当然地因此而又遭到很大的冲击和迫害。他幸运地活到了拨乱反正的新时期。在 20 世纪 80 年代初平反冤假错案的大潮中，中共江苏省委对他的历史问题进行了重新审查。1981 年3 月，经中央批准，撤销 1955 年审干工作时和"文化大革命"期间对他所做的一切不实之词以及处理意见，恢复他的名誉和1938 年以前的全部党籍。在 20 世纪 80 年代管文蔚所写的回忆录中，国民党统治时期长达 7 年的铁窗生涯，是重要的内容之一。其中"苏州反省院真相"一节，成为现在了解江苏反省院情况的十分难得的史料。

参考文献：

1. 管文蔚：《管文蔚回忆录》，人民出版社，1985 年版。

2. 管文蔚：《管文蔚回忆录续编》，人民出版社，1988 年版。

3. 管文蔚纪念文集编辑组：《管文蔚纪念文集》，中共党史出版社，1995 年版。

4. 陈虹：《管文蔚传》，中共党史出版社，2002 年版。

刘仁静在苏州反省院

刘仁静（1902—1987），湖北应
城人，中共一大代表，中国托派重
要人物之一。

刘仁静在北京大学读书时参加
了五四运动，是少年中国学会的成
员。1920年加入中国社会主义青年
团。1921年7月，他和张国焘代表
北京共产党组织，出席中共一大。
1922年刘仁静去苏联参加共产国
际第四次代表大会、少共国际第三次代表大会。1923年返国后
任团中央书记，此年10月曾到苏州参加少年中国年会。1926年
9月又到莫斯科国际党校列宁学院学习。当时苏联斯大林和托洛
茨基正在斗争，两人在对马克思主义的解释以及中国革命的指
导方针上都有着重大分歧，也有着激烈的权力之争。这场斗争
最后以托洛茨基被开除出党、驱逐出苏联而告终，苏联党内的
托洛茨基分子纷纷被查处和清除。中国留学生中拥护和追随托
洛茨基的人也被开除党籍、团籍，并于1927年底被遣送回中国。
这些人后来酝酿成立了中国的托洛茨基派组织（简称托派）。刘
仁静在苏联学习时，开始倾向并接受托洛茨基的理论和政治主
张。1929年学习结束后，他未经中共党组织的同意，自作主张
到土耳其拜见了流放在外的托洛茨基。返国后积极参与中国托

刘仁静

派组织并开展活动，从而被中共开除出党。1935 年 3 月，他在北京为美国记者伊罗生当翻译时被国民党政府逮捕。当时国民党对中国托派分子采取了不杀关押的办法。刘仁静被判有期徒刑两年半，同年 11 月送到设在苏州的江苏反省院执行。

反省院是国民党政府为监禁、迫害共产党人及进步群众而设立的特殊监狱。反省院按犯人的文化程度分别编组，以转变人的思想为宗旨。刘仁静在反省院期间，被编入研究组，曾任反省人自治会会长。在反省院，他利用写读书心得的机会，积极写起文章来。发表在反省院《半月刊》上的有《节制资本刍议》、《非常时期的财

苏州反省院

政政策》、《读西洋史论》、《人的文学和政治的关系》、《世界经济资源分配的研究》等等。这些文章既非反对当局，又非吹捧当局，谈的是他个人的见解。

《节制资本刍议》、《读西洋史论》这两篇文章，被托派斥为背叛托派之作。文章宣讲了刘仁静所认可的阶级调和、一致对外的主张。这是他在受日本发动侵华战争的威胁日益严重的形势下所写的，主观上对原来反对国民党政府的立场有所改变。而当时中国托派的政治主张是将民族矛盾从属于阶级矛盾，唾弃统一战线，还把中共团结抗日的主张斥为投降路线，他们当然不能容忍在自己的队伍里出现鼓吹"投降路线"的异己分子。此时陈独秀已成为中国托派的领袖，也被国民党关在狱中。陈

独秀读到刘仁静的文章后大为火恼，强烈要求托派开除刘仁静。陈独秀还起草了"开除刘仁静党籍启事"，启事说："刘仁静于1935年春在北平被捕后，未能保持革命者的坚决态度，后入苏州反省院，更显出动摇的倾向。最近我们在苏州反省院半月刊上，读到他所投登的几篇论文，如《节制资本刍议》等，竟公然站在三民主义的旗帜下，宣传中国资本主义的发展……"1935年12月，托派中央的临时委员会发布《中国共产主义同盟为开除刘仁静党籍通告》，宣布"刘仁静为共产主义的叛徒，开除其党籍"。自以为是正宗的托派而被中国的托派组织拒之门外，这对刘仁静来说，是难以接受而又不得不接受的事实。

刘仁静书生本色，个性孤傲，虽然入狱仍不改自大习气，又是名声在外的托派，因此在反省院内所关押的人中间比较孤立，并被一些共产党员所敌视。但他依然我行我素，与旁人争论起来，锋芒毕露，不留余地。1936年下半年反省院组织文学座谈会，要求对社会上争论一时的革命文学和民族文艺等问题各抒己见。刘仁静虽然对文学素无研究，但也积极查找资料，参与讨论。他在反省院办的刊物上发表了《人的文学和政治的文学》一文，自信地对一些文学的基本问题大发议论。他以托尔斯泰思想落后、巴尔扎克立场保守却都能写出传世作品，证明"好坏的评价是完全可以离开政治立场的，在这点上说，文学是超政治的，超党派的"。他指出："政治对文学的影响只是间接的，""文学不应成为政治的仆人，应有相当的独立性"。他还在文章中严词斥责斯大林当时处决季诺维也夫等人。这些言论，在当时的共产党人看来，都有着唱反调和挑战的含义。

中国托派的另一重要人物郑超麟20世纪30年代曾被关押在苏州军人监狱，他在晚年的回忆录《陈独秀与托派》一文中说刘仁静在苏州反省院内"完全站在国民党特务立场上整共产党政治犯"。但郑超麟所说仅仅是传闻和推测，并未提供证据确凿的事实。

1937年3月，刘仁静在父亲找人担保后，得以获释。不久抗战全面爆发，他在朋友的帮助下，投靠了国民党参与抗日和谋生。新中国成立时，他离开国民党留在上海，1950年在《人民日报》上发表声明表示认错悔改之意。后来他长期在人民出版社从事编译工作。"文化大革命"期间被冲击和关押。"文化大革命"结束后与家人团聚安度晚年。1987年被任命为国务院参事，同年8月因车祸去世。

参考文献：

1. 刘云：《反省院反动设施的全部情况》，1954年，苏州档案馆档号：A03-04-10。

2. 刘威立：《刘仁静》（中共一大代表丛书），河北人民出版社，1997年版。

3. 章慕荣：《中共一大代表刘仁静的人生经历》，载《文史天地》，2006年第12期。

叶飞与江抗东进

叶飞(1914—1999)，人民解放军开国上将。祖籍福建南安，生于菲律宾，童年时随父亲返回故乡，在厦门读中学时走上革命道路，1928年加入共青团，1931年转入共产党。新中国成立后曾任中共福建省委书记、福州军区司令员、交通部长、解放军海军司令员、全国人大常委会副委员长等职。叶飞在抗战时期曾经率领江南抗

抗战时期的叶飞

日义勇军(简称江抗)东进，在苏州地区给日本侵略者沉重的打击。

土地革命时期，叶飞在闽东苏区领导军民坚持了极其艰苦的3年游击战争。抗战全面爆发后，闽东红军游击队改编为新四军，奔赴抗日前线，叶飞担任了新四军六团团长。1939年5月，根据党中央的战略方针，新四军部署由叶飞率六团由茅山地区出发东进，到苏南东路地区发展。苏南东路地区指宁沪(当时称京沪)铁路东段两侧的长江三角洲地区，西起锡澄(无锡、江阴)公路，东至浦东，北依长江，南含太湖。这一地区交通便利，人口稠密，经济文化发达，战略位置十分重要。日军以重兵占领了这一地区，视为实施殖民统治和攫取经济资源的核心地区。而对中国来说，在上海、南京相继沦陷后，江南人民的抗日武装自发而起，但一时处于混乱的无政府状态，广大民众热望新

四军进入江南敌后领导抗战。当时国民党出于反共的需要，对新四军的活动限制在丹阳以西地区。为防止国民党顽固派找借口破坏东进，新四军东进部队决定改用江南抗日义勇军的番号。

叶飞率领的六团对外称江抗二路，至武进戴溪桥与梅光迪、何克希率领的地方抗日武装江抗三路会合后，成立了江抗总指挥部，梅光迪任总指挥，叶飞、何克希和六团副团长吴焜为副总指挥。为加强军队与地方的统一领导，建立了中共东路工作委员会，叶飞任书记，林枫(中共江南特委书记)、何克希为副书记。5月上旬，江抗穿越沪宁铁路和锡澄公路进入东路地区。他们与当地坚持抗日的一些地方武装会师，继续进军至苏州城郊阳澄湖畔。

地方党组织和人民群众非常热情地欢迎江抗东进，盼望这支部队能狠狠打击日军侵略者。而江抗最初是在常州、江阴一带活动的地方抗日武装，在苏州这一带还不为人知，因此对这支部队能否打胜仗还存有疑虑。为了树立人民群众的抗日信心，鼓舞士气，扩大江抗影响，江抗总指挥部决定在沪宁铁路和重要据点浒墅关车站袭击日军。

6月24日晚，部队在无锡梅村的稻田里集结，叶飞亲自进行简短的动员后，就在夜色中奔向浒墅关。担任主攻的江抗二路一营二连迅速向车站靠拢，一面以

夜袭浒墅关纪念碑

机枪封锁大门口，一面迅速包围营房。狂妄自大的日军在沉睡中毫无察觉，戒备松懈。战士们冲上去，把一排排手榴弹扔进窗口。随着一连串的爆炸，日军血肉横飞，乱作一团。外逃的敌人又被埋伏的机枪所击中。激战半小时，毙伤日军警备队长等20余人，烧毁日军营房2座，炸毁铁路道轨100多米。另一处的江抗部队炸毁了一座铁路桥。沪宁铁路中断3天，在全国引起很大反响。上海《申报》、《新闻报》、《大美晚报》等纷纷报道"京沪线游击队重创日军"。《申报》文"京沪铁路苏州与无锡间之小站浒墅关，6月25日夜3时有游击军袭击，该地日军悉被歼灭"，"游击队系江南抗日军"。《大美晚报》文"江抗是江南沦陷后民众自己武装起来的队伍，像神龙般的活跃在京沪路沿线"，"沦陷在京沪沿线的人民，对于江抗两字，相当崇敬"。

浒墅关战斗后，江抗乘胜继续向东发展。这一带的地方武装力量在日益高涨的抗日形势和江抗军威的感召下，经党组织的努力工作，纷纷接受了江抗的改编。江抗在群众中的威信越来越高，民众也逐渐知道江抗就是新四军，因此许多有志青年积极参军，上海、苏州、无锡等城市的青年学生和工人，也纷纷前来投奔。江抗在东路地区初步站稳了脚跟并得到发展，地方党组织公开活动了，组织抗日团体，建立地方政权，共产党在苏州、常熟交界处的水乡地带开辟了以东塘市为中心的苏常抗日游击区。6月底，叶飞率领江抗总指挥部进驻阳澄湖畔太平桥及常熟东塘市，中共江南特委也随之进入。

江抗以苏常为基地，继续东向太仓、嘉定、昆山、青浦挺进，伺机袭击敌伪，直至上海近郊虹桥机场。7月下旬，叶飞到达青浦观音堂，在朱家花园召开了由江抗和当地党组织、抗日武装领导人参加的联席会议。叶飞对浦西工作提出要求：一是要迅速发展抗日游击区，壮大人民武装力量，使青浦与嘉定、昆山、太仓的抗日游击地区连成一片；二是要重视抗日游击区的经济工作，建立财税制度，为长期抗战奠定物质基础；三是要重视统一战线工作，争取各界群众的拥护和支持。随后，叶飞率江抗主力回师苏常。

江抗东进，开辟敌后抗日游击区，这种在日伪心脏地区沉重打击了敌人的正义行动，却引起了国民党顽固派的嫉恨和恐慌。国民党第三战区诬蔑江抗"越界活动"，并调兵遣将，挑起事端，蓄意吞并和企图"剿灭"人民武装，限制新四军的发展。日军则采用"以华制华"手段，给国民党顽固派提供方便，让国共双方相互摩擦，坐收渔利。在严峻的形势下，新四军决定江抗向西撤退转移。1939年9月上旬，叶飞率江抗主力在与国民党忠义救国军进行一场战斗后，西撤到常州丹北地区。不久，江抗与新四军挺进纵队合编，北渡长江，开辟新的抗日根据地。

参考文献：

1.吴殿卿：《叶飞上将》，解放军文艺出版社，2005年版。

2.中共江苏省委党史工作办公室：《江抗战史》，国家行政学院出版社，2006年版。

3.叶飞：《叶飞回忆录》，解放军出版社，2007年版。

谭震林领导东路抗战

谭震林（1902—1983），湖南攸县人，1926年加入共产党，新中国成立后曾任中央顾问委员会副主任、中共浙江省委书记、省政府主席，江苏省政府主席，中共中央书记处书记、政治局委员，国务院副总理、全国人大常委会副委员长等职。在抗战时期，谭震林曾经在常熟主持苏南东路地区党政军工作，领导当地军民创建了东路抗日根据地，打击日

抗战时期的谭震林

本侵略者，在敌人的心脏地区发展了蓬蓬勃勃的抗日局面，在中国人民抗战史上写下有着特殊意义的一页。

谭震林是参加井冈山革命斗争的红军老战士。中央红军长征后，他留在闽西，在极端困难的条件下坚持游击战争。抗战全面爆发后，他担任了新四军第三支队副司令员、政治委员，是皖南抗日根据地的创建者之一。1939年冬，日本加紧了对国民党的政治诱降，国民党顽固派反共气焰日益嚣张。汪精卫集团公开叛国投敌后，1940年3月在南京成立伪国民政府，在苏州建立伪江苏省政府。中国抗战面临反共分裂、反动倒退的严峻形势。中共中央及时做出一系列的重大决策和战略部署，指示八路军、新四军"当前战略任务是在粉碎敌人'扫荡'，坚持游击战争的总任务下，扫除一切投降顽固派的进攻，将整个华北直

到皖南、江南打成一片，化为民主的抗日根据地"。苏南东路地区的中共党组织和抗日武装经过艰苦斗争，已为创立根据地打下良好基础。中共中央东南局、新四军军部为进一步加强东路抗战工作的领导，决定派谭震林到东路主持大局，并抽调一批干部随谭震林一起到东路工作。

谭震林化名林俊，他和随行的干部在地下党同志的掩护和安排下，于1940年4月中旬从茅山根据地新四军江南指挥部出发，化装成商人进入敌占区。先是从常州乘火车到苏州，住一宿后乘轮船到常熟，最后到达常熟东乡的中共武装部队驻地和当地党组织负责人会面。当时东路地区的中共武装是在上海的江苏省委直接领导的。1939年9月，叶飞率领的江南抗日义勇军(简称江抗)西撤后，东路地区以留在常熟的一批伤病员为基础，于11月成立江抗东路司令部(简称新江抗)。新江抗与常熟的地方武装常熟人民抗日自卫大队(简称民抗)高举抗日大旗，在江南敌后坚持武装斗争。谭震林到常熟后，经过调查研究和听取各方面的汇报后，于4月23日至25日在徐市召开了党政军领导干部联席会议。参加会议的有中共江南特委和常熟县

徐市会议旧址——四面厅

委、苏州县委的林枫、张英、李建模、王承业，新江抗的何克希、吴仲超、夏光，民抗的任天石、薛惠民等以及随谭震林来

常熟的干部。徐市会议，是苏南东路抗日斗争史上一次非常重要的会议。

谭震林在会上传达了中央和东南局、新四军军部和江南指挥部的指示，并结合实际情况，对创建东路抗日根据地的战略目标、发展前景以及方针大计等做了重要报告。这次会议确定的基本方针和任务是：公开共产党的领导，坚持敌后抗日游击战争；发展抗日民族统一战线，广泛开展抗日群众运动；大力扩大人民抗日武装，建立抗日民主政权，巩固和发展苏常游击区；以苏常地区为基地，东出昆嘉太(昆山、嘉定、太仓)，西入澄锡虞(江阴、无锡、常熟)，直至继续向东、向南发展，大刀阔斧地创建和扩大东路抗日根据地。

会议宣布东南局和新四军军分会的决定：成立东路军政委员会(简称东路军政会)，谭震林任书记；江南抗日义勇军改名江南抗日救国军(仍简称江抗)，成立江抗东路指挥部，谭震林任司令兼政委、政治部主任，何克希任副司令，张开荆任参谋长，吴仲超任政治部副主任。新江抗和民抗的武装部队统一整编为两个支队，建立江抗教导队，大力培养军政干部。与此同时，中共江南特委改称江苏省京沪线东路特别委员会(简称东路特委)，由东路军政会领导。江苏省委把东路地区的党组织和武装力量都移交给东路军政会及江抗东路指挥部，由此实现了东路地区党、政、军的一元化领导。

徐市会议后，东路抗战出现了新的局面。党组织在苏常地区迅速部署了"红五月"运动，大张旗鼓地发动群众，团结各界人士抗日。东路特委发布《坚持东路抗战十大工作纲领》，向群众宣布共产党坚持抗战，反对投降；坚持团结，反对分裂；坚持进步，反对倒退。宣布江抗、民抗是共产党领导的抗日部队，坚定人民群众在党领导下坚持东路抗战、争取最后胜利的信心。苏常各地的抗日团体有了快速的发展，青年积极要求参军，从而掀起了一个群众性的抗日热潮。东路地区共产党和日伪、国民党顽固派的矛盾和斗争特别激烈。谭震林十分重视按照党的抗日民族统一政策，做好统战工作。团结进步势力，争取中间势力，孤立和打击极少数反共顽固派的分裂、投降活动。

开展武装斗争是建立根据地的前提。谭震林亲自率领部队，采取外线作战、内线虚与周旋的战术，开展打击日伪的游击战。自 5 月 21 日至 6 月 18 日近一个月时间内，江抗与日伪军作战 9 次，接敌 1900 人次，毙伤敌 110 余人。在不断粉碎敌伪的"扫荡"和袭击敌伪据点的战斗中，根据地的政权建设有了很大发展。1940 年夏，在谭震林的精心筹划下，苏常地区相继成立了民选的县级抗日民主政权——人民抗日自卫会。这是当时历史条件下的代政权机关，按照共产党员、非党进步分子和中间派各占三分之一的"三三制"原则组成。谭震林亲自出席了常熟县、苏州县的自卫会成立大会，并在会上做重要报告。随后区、乡、村各级自卫会相继成立。抗日政权的建立，标志着苏常地区已由以前的抗日游击区发展为抗日根据地。稍后，太仓的抗日民主政权也建立起来，一个独立自主的苏常太(苏州、常熟、太仓)抗日根据地连片形成。在谭震林统一领导下，东路特委和各级地方党组织和江抗主力部队密切配合，继续大刀阔斧地向东、向西发展。1940 年 10 月，为加强澄锡虞地区的领导，谭震林率江抗东路指挥部西移澄锡虞，东路特委机关暂留常熟，成立江抗后方留守处。江抗部队在战斗中不断发展壮大，至 11 月东路指挥部所属部队已由 400 多人发展到 6 个支队 3000 多人，经历大小战斗 50 余次。江抗控制了苏南东路苏常太、澄锡虞、昆青嘉地区内大小市镇 94 个，人口 200 余万。在谭震林领导下创建的苏南东路抗日根据地，成为敌后战场上插入敌人心脏的一把钢刀，对牵制日本侵略军的兵力，对大江南北抗日根据地的开辟、建立和巩固，以及兵员军需的补给，都有着很重要的作用。

1941 年 1 月，国民党反共顽固派制造皖南事变后，中共中央重建新四军军部，谭震林任第六师师长、江南区党委书记。新四军东路主力部队编为新四军第六师十八旅，下设 3 个团；地方部队成立江南保安司令部。与此同时，在东路抗日根据地公开建立共产党领导的抗日民主政府。谭震林于 2 月 7 日的中共东路特委主办的《大众报》上发表文章说："我们不能再听任何不抗战的命令，我们也不能拘束于不合抗战要求的法律下，我们立刻以独立自主的精神，积极地与亲日派内奸作斗争，我们自动的建立起民主政权，不再等候国民大会，因为只有如此，才不再中内奸的阴谋。"东路地区划分为三个行政区，并成立江南行政委员会。东路的抗日民主政权建设进入了一个新的阶段。

1941 年下半年，日军为扩大侵略的战略需要，集中日伪强大兵力在江南地区进行大规模残酷的"清乡"。在日伪顽夹击的严峻形势下，东路根据地遭受重大损失。因敌我力量悬殊，为争取主动，新四军主力渡长江转移北上，苏常太地区由隐蔽留下的地下党和小股武装坚持斗争。直至 1944 年下半年，在夺取抗战最后胜利的关键时刻，中共领导的抗日政权在东路地区又得到恢复和重建。

参考文献：

1. 中共常熟市委党史工作办公室、常熟市新四军历史研究会：《谭震林在常熟》，中央文献出版社，2000 年版。
2. 谭震林传编纂委员会：《谭震林传》，浙江人民出版社，1992 年版。

江抗重要领导人何克希

何克希（1906—1982），人民解放军开国少将，四川峨眉人。1929年加入中国共产党。新中国成立后，曾任华东装甲兵司令兼政委、解放军军事学院装甲兵系主任、国务院二机部部长助理兼办公厅主任、浙江省政协副主席等职。抗战时期，何克希是江南抗日义勇军的重要领导人之一，在苏南东路地区战斗、

何克希

工作三年多时间，为苏州人民的抗日斗争做出了重大的贡献。

何克希毕业于四川军阀刘文辉所办的成都军事政治学校，入党后在家乡开展革命武装斗争，曾被国民党政府悬赏通缉。1935年他经省委介绍，到上海找党中央寻求指示，后来就留在上海参加中央"特科"的情报工作以及抗日救亡运动。1937年抗战全面爆发后，何克希奉命到苏南敌后组织抗日武装，担任了中共澄锡虞工委书记。当时江阴西石桥有梅光迪领导的一支地方抗日武装，江阴东乡有已被国民党忠义救国军收编的朱松寿部队。经过何克希的努力，这两支地方武装愿意接受共产党的领导，团结起来共同抗日。与此同时中共上海地下党组织不断派工人、学生、难民前来参军。这样，澄锡虞工委在江阴西部建立起一支直接领导的抗日武装。1938年10月，何克希根据

党组织的指示，带领这支抗日武装到茅山地区，交给新四军统一指挥。陈毅亲自对这支部队进行了整编。为了有利于突破国民党对新四军活动的限制，决定该部番号为江南抗日义勇军第三路军(简称江抗三路)，以梅光迪为司令，何克希为副司令，下设三个连。整编时在江抗三路中设立了中共党的组织，何克希任总支委员会书记，并从新四军抽调得力干部担任参谋长和各连政治指导员。经过茅山整顿，这支部队成为共产党领导的纪律严明、斗志昂扬的抗日新军。

1939 年 5 月，叶飞率领新四军六团东进，对外采用了江抗第二路军的番号。江抗二路在武进与江抗三路会合，成立了江抗总指挥部，由梅光迪任总指挥，叶飞、何克希、吴焜(六团副团长)任副总指挥，共同率部东进。何克希又担任了新成立的中共东路工作委员会副书记。江抗东进历时半年，征战在江阴、无锡、苏州、常熟、昆山、太仓、嘉定、青浦等地，开辟了苏常抗日游击区，江南敌后出现了全民抗战的新局面，何克希为此做出了很大的努力。

何克希在东进抗日的过程中坚持抗日、团结、进步的方针，争取各阶层人士共同抗日。6 月底，他与吴焜率领江抗部队进入太仓。当时太仓境内除重要城镇有日伪军驻守外，广大农村仍属国民党的控制区。国民党的县政府流动于岳王、老闸、三家市和方家桥一带，国民党江苏省保安第四团驻于茜泾、杨林、七丫沿江一带。江抗和国民党太仓县党部书记郑凤石、第五区区长浦太福等人联系，说明江抗进入太仓，只是借道抗日，别无他图，希望国共双方要团结一致，不要发生冲突。7 月初，何克希与国民党省保四团、国民党太仓地方党政的负责人在方家桥举行了联席会议，会上，就江抗、保四团避免摩擦、合作抗日等问题达成了协议。这次会议，为江抗顺利进入太仓并与保四团建立统战关系打下了基础。

江抗在东进抗日的过程中，部队有了很大的发展。1939 年 8 月下旬，江抗总指挥部采取以老带新的办法，将部队统一整编为四路（相当于团），何克希兼任了第三路军司令。9 月，江抗西撤，在江阴西石桥又一次进行整编，整编为两个主力团。何克希担任了二团政委。不久，经过西石桥整编的江抗编入新四军挺进纵队，成为创建苏北抗日根据地的一支劲旅。

1939 年 11 月，在常熟的部分江抗伤病员与地方党组织再次举起江抗的旗帜，成立江抗东路司令部（简称新江抗），由夏光任司令，开展抗日武装斗争。1940 年 1 月，为加强党在苏南东路地区的抗日斗争，中共东南局、新四军军部决定调派苏皖区党委书记吴仲超、江抗二团政委何克希及陈挺等一批军事干部到东路工作。何克希任新江抗司令，吴仲超任政委，夏光任参谋长。新江抗的成立与发展，为即将到来的东路地区抗日新高潮积聚了力量，奠定了基础。

1940 年 4 月，谭震林到东路地区主持抗日大局，江南抗日义勇军改名江南抗日救国军，成立江抗东路指挥部（简称仍是江抗），谭震林任司令、政委、政治部主任，何克希担任了副司令。东路地区的抗日斗争出现了新的局面，何克希率领部队又征战在江南。6 月初，何克希、夏光、陈挺率领江抗二支队，从常熟向东进入太仓境内，在太仓北部打据点，抓汉奸，摧毁旧政权。

江抗二支队在太仓曾一日三战，毙伤日伪军60多人，然后安全返回常熟。江抗在太仓的斗争进一步扩大了新四军的影响，引起日伪的震惊。10月，国民党顽固派掀起第二次反共高潮。处于日伪统治中心的苏南东路地区面临日伪顽夹击的严峻局面。盘踞在阳澄湖的胡肇汉部队公开反共，被国民党委任为保安二团团长。12月13日下午，谭震林、何克希率领江抗一、二支队进入阳澄湖畔的东、西张家浜村宿营，胡肇汉密报日军，企图借刀杀人。日军出动3艘汽敌艇，80余人，配备重机枪、掷弹筒、小钢炮等武器，突袭张家浜。当时谭震林去了常熟东塘市，何克希指挥江抗奋起反击，双方激战到天黑才撤离战斗。此役江抗毙伤日军30余人，江抗亦有二支队卫生队长赵熙等19人牺牲。

12月19日，何克希在《大众报》上发表了《张家浜战斗之意义》一文，揭露日伪顽勾结打击江抗的事实真相，指出张家浜战斗的意义。他在文章中写道："此次张家浜战斗的重大意义就在于：第一，粉碎了敌伪的共同进攻；第二，不但增强了民众抗日的信心，而且使广大人民认识了谁是他们自己的军队，谁是他们的敌人；第三是锻炼了我们自己。""毛泽东同志说，任何黑暗都是暂时的，光明的新中国一定到来，胜利是属于我们中国的，是属于我们中国人民的。看！抗战的战士在怒吼，广大的人

张家浜战斗纪念碑

民汹涌澎湃起来。我们伸出双手，共同迎接胜利的新中国。"

1941年1月皖南事变后，何克希担任了隶属新四军六师的江南保安司令部司令，下辖以澄锡虞地方部队改编的警卫一团、以苏常太地方部队改编的警卫二团以及地方武工队。为更好地运用政权力量独立自主开展敌后抗日工作，苏南普遍成立各级抗日民主政府。4月，经谭震林、吴仲超发起，成立吸收民主人士参加的江南行政委员会，统一领导江南地区的行政工作，何克希兼任主任。

1941年10月何克希离开江南去苏北华中局党校学习，翌年奉命南下，踏上了开辟浙东抗日根据地的新征程。

参考文献：

浙江省新四军暨华中抗日根据地研究会等单位：《何克希将军》，内部资料，1993年版。

顾准在苏南东路抗日根据地

顾准（1915—1974），中国现代著
名的会计学家、经济学家。顾准祖籍
苏州，父辈迁居上海。他出生于上海
一个小商人家庭，早年就读于上海立
信会计学校。1935 年加入中国共产
党。新中国成立后曾任上海市财政局
局长兼税务局长、上海市财经委员会
副主任和华东军政委员会财政部副部
长，中央建筑工程部财物司司长、洛

青年顾准

阳工程局副局长，中国科学院经济研究所研究员等职。1957 年
顾准写了《试论社会主义制度下的商品经济和价值规律》一文，
第一次提出了在社会主义条件下实行市场经济。后来，他两次
被打成"右派"，1980 年得到平反昭雪。抗战时期，顾准曾经在
苏南东路抗日根据地工作一年，在苏州地区留下了革命斗争的
足迹。

顾准少年时代家境清贫，12 岁就到潘序伦创办的上海立信
会计事务所当练习生。工作之余他在立信学校努力学习会计学，
成为掌握现代会计知识的专业人才。20 世纪 30 年代，他就有多
部会计学著作问世。1934 年出版的《银行会计》，当时在上海被
各大学采用为教材，他本人被聘为大学兼职教授，时年 19 岁。
青年顾准思想活跃，十分关心国事民生。1930 年他与一些进步青年在上海发起成立了进步团体"进社",随后积极投入抗日救亡运动。1934 年进社人员转入中共所领导的中华民族武装自卫会(简称武卫会),顾准曾任武卫会上海分会主席、总会宣传部副部长。1935 年他由武卫会党团书记林里夫介绍,加入中国共产党,成为一个职业革命者。1937 年上海沦陷后,他继续留在上海从事地下党工作,相继担任中共江苏省委职委(全称职员运动委员会)、文委(全称文化界运动委员会)的负责人。

1940 年 4 月,谭震林到苏南东路地区领导中共党政军的工作,开创了东路敌后抗战的新局面。江苏省委遵照上级指示,调派若干得力干部到东路,以加强这一地区党的力量。顾准毅然离开熟悉的大城市上海,奔赴苏南农村武装抗日的前线。在苏南一年,顾准用的是化名吴达人。7 月,顾准来到中共东路特委所在地常熟,担任了特委委员、宣传部长。这期间,他主要负责联系特委的宣传机构江南社、民训班和文教委员会的工作。江南社设在常熟董浜,出版《江南》杂志和《大众报》。江南社人数最多时有上百人,许多工作人员都是从上海下来的。江南社有十多条船,船上设有流动图书馆,并出售来自上海的进步书刊。江南社还编辑小册子,翻印毛泽东、刘少奇、陈云等中共重要领导人的著作。顾准还到常熟县委、太仓县委调查研究和指导工作。曾任常熟县委书记的李建模是顾准在上海时就相识的进社同志。

《顾准自述》书影

顾准初到江南农村的感受，他在后来的自述中是这样写的：

我生长在城市，根本没有在农村生活过。以农业生产而言，小麦和韭菜还分辨得了，棉花和豆子就不认得。以农村阶级关系而言，只有模糊的地主、农民的概念，农村中阶级的划分，农村阶级斗争的尖锐复杂，我是茫无所知的。农村抗日根据地如何围绕武装斗争来组织各项工作，各项工作如何贯彻党的正确政策，更是毫无经验。在这种情况下，要参加领导工作，必须首先深入基层，向贫下中农和基层干部学习，还要进行深入的调查研究，才能取得农村中革命斗争的第一手知识。

通过调研，顾准在工作中勇于提出自己的意见。当时根据地关于民运工作的一般工作方式，曾产生一些议论。苏常太中心地区，尤其是特委驻地常熟塘市一带，每一个村子都驻有一个"民运同志"。民运同志是上海下来的学生、工人或职员，村子里的一切事情都经过民运同志，实际上村里的党政民一切权力，都集中在民运同志手里。顾准不同意这种做法，认为这是一种"民运同志包办群众运动"的办法。他就此向特委领导提过意见，又在《江南》杂志上写了一篇文章谈了他的看法。

1940年10月，谭震林率领江抗东路指挥部移驻澄锡虞地区，顾准也随之前往，担任了中共澄锡虞工委书记、江抗澄锡虞区总办事处副主任。澄锡虞工委下辖5个县委(江阴、锡北、虞西、无锡、沙洲)和办事处，顾准的工作是十分繁忙的。这期间，他一方面密切各县联系，积极组建各级政权；另一方面根据谭震林的指示，推动开展三件中心工作。

一是推动当地几所中学学生中的抗日运动。顾准筹备了各中学的师生大会，谭震林出席大会并做了报告，顾准在会上解答了师生提出的问题。这些抗日的宣传取得良好的效果，激起了知识青年的爱国热情。

二是追索盘踞在陆家桥以东的江阴虞西地区的包汉生"暗杀党"。包汉生是国民党忠义救国军的政治特派员，组织所谓"暗杀党"，伺机暗杀共产党党政人员和基层干部。对于国民党顽固派的反动行为，共产党不得不予以反击。

三是在陆家桥地区开展突击民运工作。工作的重点是在农村贯彻推行减租减息政策，从而发动和争取农民群众，为打击国民党顽固派和日伪势力提供有利条件。由于顾准对农村工作缺乏经验，谭震林派了曾任昆山县委书记的刘开基帮助他开展这项工作。

在战争环境极其险恶的情况下，顾准认真贯彻党的抗日民族统一战线政策，团结和争取地方人士为抗日大业出力献策。沙洲杨舍镇地主郭元瑞在当地有一定的影响力。顾准特地到杨舍找到郭元瑞，在谈话中了解情况，宣传政策。随后顾准向谭震林建议，把郭元瑞"延揽"到总办事处来，给他一个名义，让他为我方工作。事后看来，对郭元瑞的争取和使用是有利于抗日工作的。

1941年皖南事变后，新四军苏南部队在政治上对国民党进行针锋相对的反击，决定在根据地公开建立共产党领导的抗日民主政府，澄锡虞地区划为苏南第二行政区，顾准兼任督查专员。不久，顾准离开特委和二区，调任江南行政委员会秘书长。7月，日伪在江南部署大规模的"清乡"。谭震林决定派顾准去苏北新四军军部另行分配工作。顾准在苏南东路抗日根据地一年多的斗争生涯就此告一段落。

参考文献：

1. 罗银胜：《顾准传》，团结出版社，1999 年版。
2. 顾准：《顾准自述》，中国青年出版社，2002 年版。

新四军理财能手李建模

抗战时期，他曾任中共常熟县委书记，领导创建常熟人民抗日武装；以后又长期在抗日根据地卓有成效地为党从事财经工作，他就是被人们誉为新四军理财能手的李建模。

李建模（1907—1945），名鸿生，字屺椿，出生于常熟梅李镇的一个职工家庭。他生后半年父亲即病故，由

李建模

母亲抚养长大，14岁进梅李陆同福布庄当学徒。他办事勤奋，注重信誉，23岁被布庄派到上海任该店驻沪经理。李建模利用业余时间进立信会计学校学习财会知识。他十分关心时事，经常阅读《生活》、《新生》等进步书刊。1933年，李建模和立信会计事务所的顾准等人组织了以研讨时事、探求社会进步为宗旨的团体进社。他还把进步书刊秘密带回常熟给梅李、浒浦的一些进步青年阅读，进而吸收10多人加入进社。进社初期的活动是组织成员读书研讨，交流思想，后来积极投入抗日救亡活动。1934年春，常熟的进社成员和一些青年在梅李创办了文艺性的《艺丝》周刊。由于周刊抨击时政，为民呐喊，社会影响不断扩大，在出版10期后被国民党常熟当局借故查封。

1934年5月，在共产党的领导和推动下，宋庆龄、何香凝等人在上海发起成立中华民族武装自卫委员会（简称武卫会），李建模和进社成员随即参加了武卫会，并成为武卫会上海分会的领导人员，积极开展抗日救亡运动。由于李建模对共产党的认识不断加深，同年他被武卫会党团吸收入党。与此同时，常熟在进社的基础上也成立武卫会常熟分会，李建模被推选为分会主席。他和武卫会党团组织部长李定南一起在武卫会常熟分会培养和发展了一些党员，建立了党的支部。他们在浒浦创建了渔民子弟学校，在梅李组织了农民兄弟会，并以此为阵地，进行抗日宣传，点燃革命火种。

1936 年 7 月，因叛徒出卖，李建模在苏州被捕。在狱中他始终忠贞不屈，坚持信念，并用绝食等方式进行斗争。1937 年七七事变爆发，8 月李建模获释返回常熟。年底他到上海与中共江苏省委取得了联系。1938 年初，省委派杨浩庐和他同来常熟，开展抗日武装斗争。同年 5

中共常熟县委重建暨常熟人民武装诞生纪念碑

月，中共常熟县委重建，李建模任书记。他在梅李镇上开了一爿南货店，以经商为掩护，来往于上海和常熟四乡，在上级党组织的领导下，联络抗日志士，筹集抗日经费和武器。1938 年 7 月，由县委直接组织和领导的第一支抗日武装——常熟人民抗日自卫队（简称民抗）成立，县委的很多工作都以民抗的名义来开展。1939 年 5 月，新四军以江南抗日义勇军番号东进，到常熟后与民抗会合，抗日武装力量发展很快，开辟了苏常抗日游击区。李建模和县委同志协助部队做好敌工工作和情报工作，并积极保证部队的兵源补充和军需物资的供应。他兼任了常熟县财委会（后改为经委会）主任，带领干部克服重重困难，征收田赋和税收，打开财经工作局面。县委又以一批具有爱国思想的教师和地方士绅成立县教育委员会，推行抗日教育。9月下旬，民抗主力随江抗西撤，他和民抗其他一些领导人留守常熟坚持斗争。

1940年4月，谭震林到达常熟领导苏南东路地区的抗日斗争，形势发展很快，苏常太抗日根据地开始形成，军政的财经支出也急剧增加，因此搞好财经工作成了当务之急。为了适应形势需要，李建模在参与地方党务和政权建设的领导工作外，把主要精力放到根据地和新四军的财经工作上。1940年8月，他兼任东路经委会主任。在这期间，他从巩固和建设抗日根据地的目标出发，在继续抓好田赋和税收的同时，又领导各地组织各种类型的消费和生产合作社，扶持工农业生产，建立工商管理制度。在他和财经干部的努力下，东路地区抗战财政做到自给有余，仅1940年下半年苏常太游击根据地就数次拨出巨款支援苏北地区的抗战。1941年开始，根据党组织决定，他专职从事财经工作，任江南财经处长、新四军六师供给部长。下半年他随部队转移到苏北。

1942年四五月间，李建模调江南茅山根据地工作，先后任江南财经处处长兼惠农银行行长、新四军六师十六旅供给部长、苏南行政公署行政委员会委员兼财经处长和苏浙皖边区经委会主任等职。当时日伪实行经济封锁，为了保证军政供给，改善民生，李建模领导财经处广辟财源，发行货币，并发动群众开展大生产运动，为苏南抗日根据地的财经工作建立了系统的条例、章程，并提出了一套行之有效的办法。1943 年 3 月到 10 月，日伪集中大量兵力对茅山、丹(阳)北、太(湖)滆(湖)地区进行"清乡"，同时国民党方面也调兵遣将趁机夹击。当时斗争很尖锐，财政上非常困难。为了保证反"清乡"的胜利，李建模领导财经干部，不畏艰险，积极向边区开辟税源，征收税款，甚至在短枪班保护下，秘密进入敌人控制区收税，解燃眉之急。他想方设法筹措资金、征集物资，精打细算合理分配，为保障根据地和新四军的经费和物资供给做出了出色贡献，从而在新四军内有理财能手之誉。身为财经干部，李建模以身作则，严格执行财经纪律，又是艰苦朴素、廉洁奉公的楷模。当时他和财经处的战友布袋里装着金条，还背着几斤乃至几十斤的现钞，但他们身缠万贯，不动分毫。他生活俭朴，带头节约，提倡一张纸用两面，一只信封用 4 次，要把有限的钱财都用到抗日事业上。

抗战胜利后，新四军根据"双十协定"奉命北撤。1945 年 10 月 15 日，李建模在过长江时，因渡轮沉没，与同船的苏浙军区第四纵队干部战士 800 余人一起遇难。

参考文献：

1. 中共常熟市委党史工作办公室、常熟市民政局：《常熟革命烈士传选编》，内部资料，1990 年版。

2. 中共常熟市委党史工作办公室：《中共常熟地方史第一卷》(1919—1949)，中共党史出版社，2011 年版。

常熟民抗司令任天石

抗战时期，常熟第一支由共产党领导的人民抗日武装是常熟人民抗日自卫队（简称民抗），这支部队的创建者及领导者是革命先烈任天石。

任天石（1913—1948），又名启生，出生于常熟梅李的一个中医世家。1927 年在常熟上初中时因参加学生自治会闹学潮而被校方开除学籍，遂回乡随父学医。 1932 年他考入上海

任天石

的中国医学院就读，毕业后返常熟正式挂牌行医。当时日本帝国主义在九一八之后加紧对中国的侵略，中华民族危在旦夕。任天石积极投身抗日救亡运动。他参加了常熟人民抗日救国自卫会，在梅李出资办读报室，宣传抗日救亡；在 1937 年七七事变、八一三淞沪抗战爆发后，他又参加常熟抗日后援会的活动，募捐钱物，接待和救治伤兵难胞，以实际行动支援前方抗日将士。

1937 年 11 月 13 日，日军在常熟沿江登陆，向中国内地入侵，一路烧杀淫掠，平民百姓惨遭荼毒。任天石带着全家老小，避难到苏北。亲身经历及所见所闻使他深感亡国奴之痛。1938 年初，他举家返回江南，弃医从戎，矢志抗日。他尽其积蓄，又拆屋变卖，加上劝募所得，联络有关人士，在梅李塘桥筹建了一支四五十人的武装游击队。任天石为这支队伍提出"保家

乡"的口号，得到了各方的支持。入侵不久的日军对江南广大农村尚无法实施严密的统治，当时民众的抗日自卫武装队伍一时群起，各类队伍的政治背景和动机各有不同。任天石所组织的队伍发自拯救民族于危亡的强烈抗日热情，因此他积极寻求共产党来领导这支队伍。

1938 年 5 月，在白色恐怖时期被破坏的中共常熟县委重新建立，李建模任县委书记。根据党的指示，当时的重要工作是积极发展抗日武装。不久，曾任红军团长的县委委员赵伯华来到塘桥举办军事训练班，参加人员主要是塘桥游击队中的骨干。训练班结束后，8 月初，在这队伍的基础上成立了常熟人民抗日自卫队第一大队，由梅李地方实力人物徐少川任大队长，任天石任副大队长。这是由中共常熟县委直接组织和领导的第一支抗日武装，揭开了共产党领导常熟人民武装抗日的大幕。任天石当时虽不是党员，但他拥护党的纲领、服从党的领导，此年冬，民抗进行了改编和整顿，任天石任大队长。1939 年 5 月，新四军以江南抗日义勇军番号从茅山地区东进江南，中旬抵达常熟界内。民抗配合江抗拔除了常熟东部地区的十多个伪匪据点，民抗队伍也不断壮大，建立三个分队。不久，民抗总部成立，由任天石担任司令。在党组织的培养下，任天石树立了坚定的革命信念。同年秋，经常熟县委批准，他加入了中国

任天石签发的任免书

共产党。

当时的民抗总部一方面要进行武装斗争，另一方面还负责开展财政、教育、治安等地方工作，甚至附近敌占区的群众，遇到民事纠纷，也来民抗游击区找任天石仲裁，实际上民抗总部已成为一个具有部分政权职能的工作机构。任天石十分关心群众疾苦，处处维护群众利益，受到群众的爱戴，人们亲昵地称他为"老天"，把民抗部队称之为"老天部队"。

1939 年 9 月，因形势所迫，民抗部队大部分随江抗西撤加入新四军。任天石与少数同志留在常熟。当时苏常地区敌后斗争处于极为困难的境地，他不畏艰险，坚持斗争，常熟民抗的旗帜不仅不倒，还有了新的发展。1940 年 4 月，谭震林到常熟创建苏南东路抗日根据地，任天石在以谭震林为书记的东路军政委员会领导下，积极开展苏常太三县的民主建政工作。他认真贯彻党的方针，团结各阶层爱国同胞筹建抗日民主政府。常熟县 8 月初举行人民抗日自卫会第一次代表大会，任天石当选为县人民抗日自卫会(代政权机关，后改为常熟县政府)执行委员会主席。他又接任了中共常熟县委书记，并帮助苏州县(由常熟东南部和吴县北部组成)、太仓县相继建立抗日民主政府。抗日政府的建立，标志着在苏常太地区，形成一个独立自主的敌后抗日根据地。1941 年初，国民党制造了震惊中外的皖南事变，中共领导的苏南党政机构改组，任天石任第一行政区督察专员兼常熟县县长，党内任苏常太工委委员；6 月初，兼任苏州县县长。他和同志们在坚持抗击日伪侵袭的同时，还要与国民党顽固派进行尖锐的反摩擦斗争。

1941年7月，日伪集中兵力，对常熟地区发动大规模的"清乡"。在越来越严峻的形势下，为保存有生力量，任天石与大部分同志奉命突围，撤至苏北根据地。任天石任中共苏中四地委江南工委书记并兼通海工委书记、通海行署副主任、通海警卫团政委。他和同志们以通海为基地，为南下开展苏常太地区"清乡"后的恢复工作做好准备。1943年他任苏中区党委巡视员，翌年7月，调回通海任行署主任。苏中区党委为了统一领导苏常太、澄锡虞地区的工作，于1944年11月成立六地委，任天石任地委委员兼第六行政区专员，后又当选为苏中行政委员会委员。1945年8月，日本投降以后，任天石即奉命返回江南，组建苏常太警卫团，着手整顿恢复江南的政权机构，并开展征粮和扩军工作。同年10月，根据国共双十协定，新四军主力部队退出苏南、浙江根据地。任天石在常熟组织人力、物力和大批船只，顺利安排苏浙军区部队渡江北上，然后带领苏常太人员撤至如皋。1946年初他担任了京沪路东中心县委书记，隔江领导澄锡虞、苏常太两地区的党组织。1946年9月，为统一领导江南党组织的工作，华中十地委成立，任天石任常委兼社会部长。1947年1月，十地委机关秘密迁入上海，任天石刚到上海，即遭叛徒告密于30日夜被国民党当局逮捕。

任天石在沪关押期间，面对敌人刑讯利诱，坚不吐实。3月初，他被解到国民党首都卫戍司令部无锡指挥所。5月下旬又被解到南京国民党保密局监狱。任天石始终坚贞不屈，在关押期间吟有这样的诗句：

春景宜人群魔盗，万世逞雄易烟消。

咫尺重山繁荣市，为民幸福被坐牢。

惨淡灯光照监房，坚壁重门意不挠。

百般磨难非人受，自古暴政系回光。

1948年冬，任天石在南京遭杀害。

参考文献：

1. 中共常熟市委党史工作办公室、常熟市民政局：《常熟革命烈士传选编》，内部资料，1990年版。

2. 中共常熟市委党史工作办公室：《中共常熟地方史第一卷》(1919—1949)，中共党史出版社，2011年版。

周文在与新六梯团

周文在(1906—1993)，人民解放军开国少将，江苏常熟人。1925年在上海读书时加入中国共产党，1926年投笔从戎，入黄埔军校，曾参加南昌起义，在人民军队里经历了抗日战争、解放战争的烽火岁月。新中国成立后，历任解放军十兵团兼福建军区干部部部长，福州军区干部部部长、政治部副主任，福建

周文在

省军区副政委，江苏省政协副主席等职。革命年代，他多次返回家乡常熟开展革命活动，留下了载入史册的足迹。大革命时期，他与李强创建了常熟历史上第一个中共党的地方组织——常熟特别支部；抗战时期，他建立起由中共常熟县委领导的一支人民抗日武装——新六梯团。

周文在入党后积极投身革命，曾 4 次被国民党政府逮捕入狱。1935 年底他在上海从事抗日救亡运动，因被常熟中共地下党组织遭破坏所殃及，被国民党政府抓获，解押镇江江苏第五高等法院，判刑 1 年 8 个月。他不服上诉，刑期加重为 3 年 6 个月。1937 年七七事变爆发，中华民族开始全面抗战，年底国共两党形成第二次合作的新局面，周文在才得以保释出狱。1938 年春，他从已沦陷的南京到上海，打算回乡参加敌后抗日武装

斗争。当时江南沦陷后，地方抗日武装群起，但良莠不齐，政治背景不一。常熟东乡徐市有一支陈震寰部队，人数上千，有一定实力。陈震寰也是常熟人，大革命时期曾加入共产党，与周文在相识。陈震寰得悉周文在到上海的消息，就邀请周文在前去担任他的政治主任。

周文在到了陈震寰部队，发觉这支抗日武装的成员很复杂。有的头目原是反动官僚，不少人原是国民党军队的游兵散勇以及当地的土匪和帮会分子。国民党正在图谋控制这支部队。周文在与陈震寰商议，要寻找共产党的组织，请求委派共产党的干部来领导和加强这支部队。周文在那时与当地党组织也失去联系，他历尽艰辛在战乱中经广州辗转到武汉，终于找到八路军办事处主任、黄埔军校时的老师叶剑

陈震寰

英。经叶剑英联络和安排，周文在回上海后经中共江苏省委介绍，和常熟县委接上关系。当时重建的常熟县委书记是常熟梅李人李建模。常熟县委已在梅李一带建立起由任天石始创的常熟人民抗日自卫大队（简称民抗）。

周文在回到陈震寰部队，而此时该部已被国民党熊剑东收编为国民政府军事委员会别动总队淞沪特遣支队第六梯团。熊剑东时任淞沪支队琴嘉太昆青松六县游击司令。熊剑东收编六梯团后，即私下培植亲信，架空陈震寰，篡夺部队领导权。周文在本着抗日统一战线的精神，团结陈震寰，开展了一系列争

取部队青年官兵和地方上层人士的工作。1938 年 11 月，六梯团在先生桥一带遭日伪军袭击，由于力量悬殊，被重创而溃散。陈震寰避往上海。在涉及这支抗日部队存亡的关键时刻，周文在根据县委指示，挺身而出，收拾整顿流散人员，充实了共产党员王志平掌握的小市自卫队人员以及一批学生、工人等，组成一个集训中队。周文在与中共常熟县委委员杨浩庐同去上海，动员陈震寰返回常熟，共同重建部队。重建的部队仍然称六梯团，为区别于前者，又称为新六梯团，仍由陈震寰任团长，周文在任政治主任。1939 年 3 月，常熟县委又从民抗部队抽调共产党员周建平到新六梯团工作，加强领导。新六梯团成为共产党所领导的一支新型的抗日武装部队。到四五月份，新六梯团发展到三个中队，300 多人，控制着以徐市为中心、方圆近 10 公里的抗日游击区。

1939 年 5 月，叶飞率领江南抗日义勇军东进，抵达常熟后与民抗、新六梯团会师。新六梯团随江抗行动，参与了打击日伪及土匪的多次战斗。6 月，新六梯团改编为江抗独立三支队，配合主力，向东直逼日军重镇上海虹桥机场。返回常熟休整时，新六梯团正式编入江抗，为二路三支队。陈震寰任江抗二路副司令，共产党员赵伯华任三支队支队长，周文在任三支队副支队长。江抗西撤后与新四军挺进纵队合编，三支队编为挺进纵队一团三营，周文在担任了三营政治教导员。不久，部队渡长江进入苏北抗日根据地，周文在随新四军踏上了更广阔的战场。陈震寰在江抗西撤后留守常熟，1941 年秋在日伪"清乡"时被杀害。

参考文献：

1. 王志平：《从小市自卫队到新六梯团》，载《常熟革命文史资料》（抗日战争时期革命回忆录选辑），内部资料，1983 年。

2. 沈伟东：《周文在的传奇人生》，载《钟山风雨》，2007 年第 2 期。

刘飞与《沙家浜》

现代京剧《沙家浜》是一部反映新四军和江南人民团结抗日的红色经典文艺作品。该剧原始素材以及创作过程，与人民解放军的开国中将刘飞有着密切的关系。

刘飞（1906—1984），湖北黄安（现红安）人，贫苦农民家庭出身，当过放牛娃、雇工，后来在汉口当茶役、码头工人。1926年，刘飞加入汉口码头工人工会，参加罢工斗争和反帝运动。1927年5月，他返乡参加农民运动，曾任乡苏维埃主席。11月他参加了中共鄂东特委领导的黄麻起义，1930年加入中国共产党。在鄂豫皖苏区的反"围剿"和开辟革命根据地的斗争中，刘飞从红军队伍里的班长逐级升任至师职干部。后来，他随红四方面军参加了长征，1936年底到达陕北。抗战全面爆发后，他被党中央派到新四军工作，任三支队政治处组织科长、六团政治部主任等职。1939年5月他随叶飞自茅山根据地出发向东开辟新区。东进部队使用江南抗日义勇军的番号，刘飞任江抗政治部主任。在当地党组织和人民抗日武装的配合下，江抗沿途一路袭击日伪军，扩大了共产党和新四军的影响，部队也得到了发展。但国民党第三战区对新四军画地为牢，限制在常州以西活动，因而频频向东进部队

刘 飞

挑起冲突。为顾全大局，江抗主力于1939年秋西撤。此时，刘飞在江阴顾山与国民党忠义救国军作战时胸部中弹负伤，无法行动，被送到留在常熟的江抗后方医院治疗。

据刘飞回忆："当时的环境确实是十分艰苦险恶的。所谓'后方医院'，是既不在'后方'，也不成其为'医院'的。我们经常流动在横泾、陆巷、肖泾、长浜、张家浜、西董家浜一带，最远的敌伪据点离我们不过一二里，近的只有几里。情况较好时，农家的客堂、厨房、牛棚、猪圈是我们的病房，卸下的门板，是我们的床位。情况不好，就只能在阳澄湖上漂泊，数叶渔舟，就是我们的一切。这里，药品和医疗器械也非常缺乏，由于敌人的重重封锁，红汞、碘酒、棉花、纱布也不容易买到。然而，只因为有党的关怀，有人民的爱护，有同志间砍不断、打不烂、愈炼愈深的阶级感情的相互鼓舞，我们不但在这艰苦危险不断发生的环境里生活下来，而且生活得很好。"

当时留下的伤病员有刘飞、江抗五路参谋长夏光等三四十人。伤病员所在的地区处在日伪军的围困和封锁之中，由于缺医少药，有些重伤员得败血症牺牲。伤病员中，刘飞职务最高，但伤势较重，弹头嵌入肺部，一咳嗽就会吐血。刘飞始终保持革命的乐观主义精神，和同志们在党组织与人民群众的掩护帮助下积极疗伤，坚持斗争，与当地群众结下了鱼水深情。

1939年10月，大多数伤病员陆续恢复健康。此时，叶飞派江抗二团政治处主任杨浩庐回常熟向刘飞、夏光等传达指示，以留存的伤病员为主体，在江南重建部队，坚持原地开展抗日斗争。因刘飞伤势仍重，遂由已康复的夏光和杨浩庐与当地党组织、留守的抗日武装联络。11月6日，以新四军伤病员为骨干的江南抗日义勇军东路司令部（简称新江抗）在常熟东唐市附近的一个村庄成立，夏光任司令，杨浩庐任副司令兼政治部主任，苏南东路地区的抗日斗争再次发展壮大起来。刘飞经组织安排，秘密到上海同仁医院治伤。

1940年4月，伤愈的刘飞随谭震林重返常熟。在谭震林主持下，江南抗日义勇军改名江南抗日救国军。刘飞担任新组建的江抗东路指挥部政治部组织科长，协助司令员兼政委、政治部主任的谭震林工作。11月江抗成立3个纵队，刘飞任第一纵队政委。皖南事变后，江抗正式改编为新四军第六师十八旅，刘飞任团长兼政委。以后他历任新四军旅长、人民解放军师长、纵队副司令员、军长等职，为中国人民的解放事业浴血奋战在第一线。新中国成立后刘飞曾任安徽军区司令员、上海警备区副司令员、南京军区顾问等职，1955年被授予中将军衔。

京剧《沙家浜》的素材就取自新四军伤病员坚守阳澄湖的斗争故事。解放战争时期，刘飞曾向战地记者崔左夫介绍过那段经历，给崔左夫留下深刻印象。1957年解放军建军30周年之际，刘飞撰写了革命回忆录《火种》，其中养伤常熟这一节，取名《阳澄湖畔》。同年，崔左夫

沙家浜芦苇荡

进一步采访了这段革命斗争史实，写了《血染着的姓名——36个伤病员斗争纪实》一文。上海人民沪剧团在此基础上，创作了现代沪剧《碧水红旗》，因受刘飞回忆录《火种》的影响，1960年改名《芦荡火种》。随后北京京剧团将其改编为现代京剧《芦荡火种》。1964年毛泽东观看了京剧《芦荡火种》，并提议把剧名改为《沙家浜》。1968年京剧《沙家浜》拍成电影在全国各地上映，同一时期，现代交响音乐《沙家浜》创作成功并在全国各地巡演。2006年，由江苏广电总台等单位联合摄制的30集电视连续剧《沙家浜》上演。《沙家浜》的故事在全国家喻户晓。

刘飞、夏光等人养伤时活动过的常熟横泾乡，曾改名芦荡乡，1992年更名为沙家浜镇。镇上建有介绍新四军和江南人民抗日斗争史迹的沙家浜革命历史纪念馆。2001年，沙家浜革命历史纪念馆被中共中央宣传部命名为全国爱国主义教育示范基地。

参考文献：

1. 刘飞：《阳澄湖畔》，载《雨花》，1961年第7期。

2. 沙家浜革命传统教育馆：《沙家浜革命斗争史话——刘飞养伤在芦荡》，内部资料，1991年版。

3. 中国人民解放军军事科学院军事百科部：《开国将帅——刘飞》，山西人民出版社，2005年版。

新江抗首任司令夏光

1939 年 11 月，根据上级指示，以江抗西撤后留下来的新四军伤病员为骨干，中共苏南东路党组织在常熟塘市组建了江抗东路司令部，坚持开展抗日武装斗争。这支部队，简称为新江抗。首任司令员是夏光。

夏光(1909—2012)，湖南武冈人。他是夏姓农家的第三个孩子，父母尽全力供他一个人去上学识字。1927

夏 光

年，夏光考入国共两党共同创办的武昌中央农民运动讲习所，曾聆听毛泽东的讲课。同年他在农讲所加入了中国共产党。在蒋介石、汪精卫相继发动反革命政变后，夏光返回湖南从事党的地下工作，后因被捕，与党组织失去联系。抗战全面爆发后，夏光找到八路军驻长沙办事处，经办事处介绍，加入了新四军。1938 年 3 月重新入党。同年上半年，他任支队参谋，跟随陈毅东进苏南敌后，开辟苏南茅山抗日根据地。

1939 年 5 月，叶飞率领新四军以江南抗日义勇军名义东进抗日，夏光担任江抗总指挥部作战参谋，随部队来到苏州地区开展抗日游击战。6 月下旬，江抗在夜袭浒墅关战斗后，总指挥部挺进到阳澄湖一带驻扎，在常熟东塘市设立了办事处，开办教导大队，成立后方医院，从而在江南开辟了苏常抗日游击区。

在斗争中江抗自身有了很大的发展，8月下旬部队整编，夏光兼任了第五路军（相当团）的参谋长。

共产党抗日武装队伍的壮大引起了日伪和国民党顽固派的注目。国民党忠义救国军对江抗的挑衅和摩擦不断加剧。江抗为团结抗日，主动撤离苏常地区向西转移。夏光由于东进以来连续行军作战，经常彻夜不得休息，积劳成疾，患有严重的眩晕症，党组织遂决定让他暂时离队，到阳澄湖畔的江抗后方医院治病休养。当时留下的伤病员有江抗政治部主任刘飞、夏光等三四十人。

所谓后方医院，实际上就是依靠常熟地方党组织的帮助，隐蔽在江南水乡人民群众之中，由医护人员流动治疗。夏光等人同舟共济，在养伤及斗争中与群众结下了鱼水深情。新四军伤病员在阳澄湖畔的这段革命斗争经历，就是现代京剧《沙家浜》故事的创作素材。夏光是《沙家浜》中连指导员郭建光的原型人物之一。

不久，上级党组织指示，伤愈的江抗人员要与留守的地方党组织互相配合，重建武装，坚持原地斗争。1939年11月，他们打出了江南抗日义勇军东路司令部的旗号，简称新江抗。由夏光任司令，杨浩庐任副司令兼政治部主任。在成立会上，夏光发出誓言："我们有数十个为国流血的战士，我们一定能够坚持东路的抗战，开辟东路斗争的新局面。"

当时正是江南蟹肥稻香的秋季，新江抗成立的当天就传来日军将在次日下乡抢粮的消息，新江抗部队就在北桥设伏予以袭击，打了敌人一个措手不及，赢得了首战胜利。这支抗日部队就此开始了艰险的斗争历程。

　　部队成立之初面临着缺人少枪的困难。夏光和战友紧紧依靠东路地方党组织和群众的支持，正确执行党的抗日统一战线政策，团结更多的人加入到抗战的队伍中来。新江抗争取和收编了当地的几支地方武装，充实了兵力。对已在阳澄湖边聚众结队，正在和国民党忠救军勾搭的胡肇汉，也没有放弃团结争取工作。胡肇汉和夏光都是湖南人，新江抗与胡肇汉部队建立了统战关系，曾委任胡为新江抗副司令，从而既增强了抗战力量，又防止了国民党顽固势力向阳澄湖地区的渗透。

　　1940年2月6日，新江抗在北桥再一次伏击日伪军下乡"扫荡"的汽艇，于当晚转移到阳澄湖畔的洋沟溇村宿营。那里是一片芦荡泽国，十分隐蔽，部队拟和当地村民一起欢度春节。8日（农历正月初一）清晨，驻在昆山县城及巴城镇的日伪军七八十人，在日军小队长斋藤率领下，由密探带路，向洋沟溇村的新江抗部队发起偷袭。夏光、杨浩庐立即指挥战士奋起反击。新江抗特务连率先抢占有利地形进行抗击，其他连队迅即分兵包抄侧击敌人。激战中斋藤被击中致毙，迫使敌人仓皇撤退。洋沟溇战斗共毙伤日伪军20余人，新江抗牺牲17人，杨浩庐等十余人负伤。这次战斗是新江抗成立后很关键的一仗，粉碎了日军妄图消灭新江抗的阴谋，增强了人民群众抗日的信心。部队在经受了考验和锻炼中有了发展，至4月建有三个连队。谭震林在1940年11月间所写的《东路一年》文章中，对夏光及初期的新江抗有很高的评价："虽然它是个只有30多个愈员的队伍，然而它有着钢铁般的意志，有着火山般的战斗的热情，在夏光同志的机警、灵活、正确的指挥下，在全体同志努力奋斗之下，在千万民众热烈的爱戴下，渡过了难关，克服了困难，在不断的进攻和还击中成长起来了。"

为了加强新形势下苏南东路的抗日工作，1940年3月，上级调派苏皖区党委书记吴仲超、江抗二团政委何克希（原江抗总指挥部副总指挥）及陈挺等一批军事干部到东路地区。新江抗领导成员随即做了调整，由何克希任司令，吴仲超任政委，夏光担任了参谋长。不久，谭震林到东路领导抗日斗争，新组建了江南抗日救国军东路指挥部（仍简称江抗），大刀阔斧地开辟抗日根据地，东路抗战出现了新的局面。江抗整编为三个纵队（团），夏光任第一纵队司令。

皖南事变后，江抗正式改编为新四军十八旅，夏光担任了旅参谋长。此后，夏光历仟新四军苏中军区一分区参谋长、苏浙军区第四纵队参谋长、华中军区参谋处长、华东野战军参谋处长等职，参与了抗日战争、解放战争时期的众多战役，为中国人民的解放事业做出了重要贡献。新中国成立后，夏光曾任华东海军学校校长等职，1958年至地方工作，先后在国有企业、高等学校任职。1980年任中共江苏省委党史资料征集委员会副主任。离休后居住在南京，享年104岁。

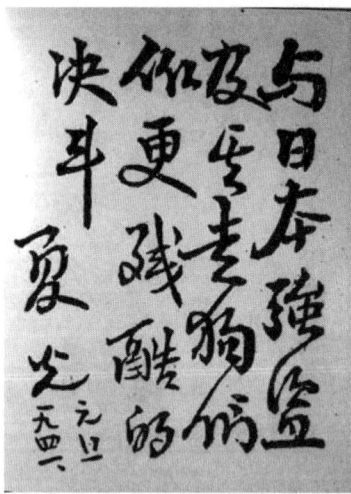

1941年元旦夏光给《大众的报》题词

参考文献：

中共江苏省委党史工作办公室：《永远怀念沙家浜——百岁夏光纪事》，
中共党史出版社，2012 年版。

特别党员陶一球

民主革命时期，中国共产党曾经发展过相当数量的特别党员。特别党员，是指具有特别的社会地位，担负特别的工作任务，不过一般的组织生活而进行特别管理的党员，其党员身份是秘密的，和党组织保持单线联系。创建昆山第一支抗日武装的陶一球，就是 1940 年由谭震林批准入党的一名中共特别党员。

陶一球

陶一球（1905—1973），原名杏泉，昆山陆家镇夏桥村人（1949 年前及新中国成立初期夏桥称为夏驾桥，属蓬阆），出生于一个富有的地主家庭，父亲早亡，由母亲抚养长大。他读书不多，崇尚体育武艺。性喜游泳、打猎，枪法极准，时人谓之"陶一枪"。还喜爱打篮球，投篮很准，又被人称为"陶一球"，后来就以"一球"为名。陶一球为人正直，富有正义感和民族感，能主持公道，在家乡有一定声望，1931 年他被国民党昆山县政府任命为夏驾桥镇镇长。不久，他组织了镇民众自卫团，自任团长，主持地方治安。一·二八和八一三淞沪抗战前后，他积极投身抗日救亡运动，在昆山率自卫团昼夜奔忙，为支援抗战做了不少工作。

1937 年底上海、昆山相继沦陷，陶一球携眷向内地逃难。途中遇到他的亲戚——奉命去四川担任万县县委委员的中共党员胡昌治。在胡昌治的启发教育下，陶一球的爱国之心进一步加强，对共产党有了初步的认识。翌年，母亲因病客死异乡，他遂扶柩返回故里，投身抗日斗争。陶一球在上海结识了共产党领导的"华东人民武装抗日会"负责人吴文信和中共党员何克希，在他们帮助下，着手筹建昆山抗日武装。这时，国民党重建昆山县政府，陶一球被委任为蓬阆区（第二区）区长，并建立起一支十多人的区自卫队。1939年上半年，新四军以江

昆山第一支抗日武装纪念雕像

南抗日义勇军番号东进。7月，已担任江抗副总指挥的何克希率人抵达昆山。江抗沿途积极宣传党的抗日救国纲领，打击日伪势力，极大振奋了人民的抗日情绪。8月初，陶一球在江抗的支持和帮助下，以自卫队的骨干为基础，组织起一支以抗日为宗旨的武装部队，群众称之为"陶一球部队"。这是昆山地区在共产党领导下成立的第一支抗日武装。9月，陶一球又联络菉葭区（第三区）自卫队，成立了昆山县二三区联合抗日大队（简称联抗），他任大队长。联抗部队进行了整顿、军训，陶一球仗义疏财，数度变卖田产，帮助部队解决给养和购置武器的问题。他又严于律己，狠抓部队军纪。其外甥会同他人在联抗偷了一挺机枪外逃卖掉。抓获后，他大义灭亲，将外甥处决。联抗成功组织了多次袭击日伪的战斗，社会影响扩大，自身力量增强。

到 1940 年 5 月联抗已成为有 100 多人、有一定战斗力的抗日武装，中共党员在部队中秘密建立了党支部，联抗活动的地区成为党所领导的敌后抗日游击区。其时，谭震林来苏南任东路军政委员会书记和江抗东路指挥部司令兼政委，决定将昆山联抗和青浦、嘉定、常熟塘市的抗日武装整编为江抗第三支队，由陶一球任支队长。后来他因地方工作需要，未随部队活动，留昆东地区继续开展抗日斗争。

1940 年 7 月，陶一球去常熟参加江抗东路指挥部召开的会议，他在中共昆嘉（山定）县委书记刘开基（又名石伟）的陪同下见到谭震林，提出了加入中国共产党的申请。在刘开基的介绍下，谭震林批准他为特别党员。此时，苏南东路抗日根据地出现了新的局面，抗日民主政权纷纷建立起来。8 月，东路特委任命他为昆山县行政委员会主任委员，行使县长职权。 1941 年 1 月，江抗政治部任命陶一球为昆山县县长。3 月，他又担任了江南行政委员会委员。这一时期，陶一球积极配合党的抗日统一战线方针，动员群众抗日，加强地方武装，筹措抗日经费，维持地方治安，为抗日事业的发展尽心尽力。

1941 年"皖南事变"后，日伪又在苏南部署大规模的"清乡"，苏南抗日斗争进入了困难时期，形势日益严峻。陶一球于 4 月被迫离开昆山撤到上海。后来经党组织安排计划前往苏北抗日根据地。1942 年秋，他在上海等待交通员准备渡江时被人告密，遭日本宪兵队逮捕。陶一球在狱中经受了日伪种种酷刑，坚不吐实，保护了组织和同志的安全。1943 年 9 月，经多方营救终于获释。因入狱，陶一球与党组织一时失去联系，后与中共中央社会部上海办事处秘密建立工作关系，联系人即是胡昌治。抗战胜利后，经上海办事处领导同意，1945年8月他担任国民党昆山县蓬阆区区长，后又兼任国民党区分部书记。他以此身份为掩护，为上海办事处搜集和提供情报。1949年春，他不顾个人安危掩护被国民党通缉的上海办事处地下党员俞守中在自己家中两个月。不久，又根据地下党的指示，在策应解放军解放昆山的工作中发挥了积极的作用。

新中国成立后，陶一球即提出要求恢复党籍，但未能得到解决。1950年他曾被推荐为苏南区特邀人民代表和昆山县特邀人民代表，1953年到上海市体育场做事务工作，1965年退休。"文化大革命"期间他受到冲击和迫害，被诬为国民党"特务"，1973年7月含冤病逝。党的十一届三中全会后陶一球得到平反昭雪，1986年5月由中共上海市杨浦区组织部恢复其党籍，党龄从1940年7月算起。现昆山陆家镇夏桥村，建有纪念陶一球的"杏泉园"。

参考文献：

1. 中共昆山市委党史研究室：《中共特别党员陶一球》，内部资料，2002年版。

2. 中共昆山市委党史研究室：《中共昆山地方史第一卷》(1919—1949)，中共党史出版社，2008年版。

赤脚县长浦太福

抗战时期，他曾任太仓抗日民主政府的县长；人民解放军解放太仓后，他又成为太仓人民政府的首任县长。他就是在太仓曾被群众誉称为"赤脚县长"的浦太福。

浦太福（1907—1979），原名泰福，出生于当时太仓县花桥乡的一个地主家庭，少年时代机灵正义，爱打抱不平，曾就读太仓县城的省立第四中学。

浦太福

1925 年发生的五卅反帝爱国运动波及太仓，青年学生的浦太福出于强烈的爱国热情，积极参加了省立四中的学生运动。翌年，因学校不关心患了传染病的学生，他联络同学罢课抗议，因此被学校开除。当时社会动乱，民不聊生，浦太福家乡很多儿童失学，他就创办了一所乡村小学，并自任校长，受到乡亲们的赞誉。1936 年，浦太福担任了国民党太仓县第三区的岳南乡乡长。

1937 年抗战全面爆发，浦太福加入抗日的行列之中。太仓与上海相邻，他动员、组织民工赶筑公路、工事，运送军需物资，竭力支援淞沪抗战前线。11 月中旬，上海、太仓相继沦陷，浦太福带了妻儿向内地西逃。颠沛流离的难民生涯，让他深感痛心和困惑。后因经济困难，他于 1938 年初春返回太仓。此时江南农村无序和混乱，人心惶惶。浦太福在太仓岳王组织起一支自卫队，自任队长，想用实际行动来保境安民，抗日救国。自卫队人少力薄，附近的土匪部队企图吞并。浦太福权衡再三，后来率队投奔了国民党方面的游击武装熊剑东部。是年底，熊剑东部被日军打垮，熊剑东投敌成了汉奸。浦太福愤然又回家乡。

1939 年 5 月，新四军以江南抗日义勇军番号东进苏南，6 月抵太仓。正苦于抗日无门的浦太福，被这支真正的抗日队伍所吸引。此时他是国民党任命的地下太仓县五区区长，在接待江抗的过程中对共产党、新四军有了接触和认识，并进一步接受抗日救国的教育。他真心诚意地协助江抗，提供地方情况，支持人力给养等等。9 月，浦太福参加了江抗和国民党江苏省保安四团、国民党太仓地方当局在方家桥召开的联席会议。这次会上，江抗和国民党人士就合作抗日之事达成一些协议。浦太福向前来太仓的江抗副总指挥何克希提出参加江抗的要求。何克希希望他能继续在家乡担任区长，为抗日事业做贡献。此后，浦太福就积极向共产党、新四军靠拢。1940 年 4 月，谭震林到达常熟，苏南东路地区开始大刀阔斧开辟根据地。江抗派中共党员施光华到太仓开辟新区。浦太福热情接待了施光华，积极支持和协助施光华的工作。他还紧跟到太仓打击日伪的江抗部队，配合行动，受到部队领导的赞扬。在施光华的帮助下，浦太福的革命觉悟有较大的提高，更迫切地要求加入革命队伍。此年 7 月，浦太福在常熟加入江抗，任五支队侦察参谋。

入伍后的浦太福立即投入打击日伪的诸多战斗。支队决定袭击太仓县城附近的日伪毛家市据点，他几次深入敌后摸清敌情，使我军的行动顺利进行。1941 年苏南东路地区掀起了建设抗日民主政权的高潮，浦太福受命为太仓县抗日民主政府的三五区区长。不久，他抽调到新四军六师十八旅教导队学习，此时提出了加入共产党的申请。在新四军主力北撤时，浦太福随教导队到苏北。学习结束，他就留在十八旅任侦察参谋，在苏北与日伪和国民党顽固派进行艰难的斗争。1942年3月，他终于成为了一名共产党员。

1945年初，浦太福调任中共太仓特区工委书记兼太仓行政办事处主任，从苏北秘密回到沦为日伪"清乡模范区"的家乡，恢复和重建抗日游击根据地。此时，抗战进入局部反攻阶段，但斗争依然十分尖锐。浦太福隐蔽在群众之中，联络同志，恢复和建立党的组织，发动和带领群众向日伪开展反征粮（军米）、反苛捐等斗争，太仓的抗日出现了新的局面。8月，共产党领导的太仓县人民民主政府成立，浦太福任县长兼县大队大队长。15日，日本宣布投降。在迎接抗战胜利的关键时刻，浦太福率县大队进入太仓北部的璜泾镇，发动群众，巩固人民政权和发展人民武装。在国共谈判签订双十协定后，他又奉命率队渡江北撤。

解放战争时期，1946年9月浦太福担任苏常太工委委员，曾率领武工队到江南，在敌后顽强坚持斗争，遭国民党当局悬赏通缉。1948年他在华中党校学习结束，任江南工委委员、长江工委书记等职，在

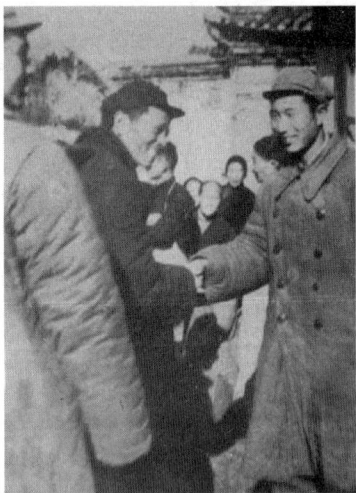

1949年浦太福进驻太仓县

苏北解放区沿江一带组织船民，为解放军发动渡江战役做准备。1949年4月，浦太福被任命为太仓人民政府的首任县长，随解放军雄师渡江南下。5月13日太仓解放，他即率领县政府人员进驻太仓县城，开始了紧张的接管工作。新中国成立之初，百废待举，任务繁重。浦太福为做好工作竭尽全力，并保持艰苦奋斗和密切联系人民群众的优良作风，清正廉洁，不徇私情，为太仓经济建设和各项社会事业的发展做出了基础性的贡献。他经常深入到农村，光着脚和农民一起劳动、聊天，了解地方实情，宣传党的政策，解决群众困难，从而被群众称为"赤脚县长"。

浦太福1952年3月调任苏州专署政法组长，后曾任专署民政科长、地委统战部副部长、专署体委主任等职。1979年病逝。

参考文献：

1. 太仓市史志办公室：《浦太福纪念文集》，内部资料，2004年版。
2. 殷秋娣：《传奇县长浦太福》，载《铁军》，2008年第5期。

包厚昌四下江南

包厚昌(1911—1992)，江苏无锡人，当学徒时参加了无锡业余读书会，在进步书刊的引导下走上革命道路，1938 年加入中国共产党。新中国成立后，他曾任中共无锡市委书记、市长，江苏省委书记处书记、副省长、省政协主席等职。自抗战至新中国成立的十余年间，包厚昌坚持在苏州、无锡一带开展革命斗争，浴血奋战，先后

包厚昌

两次负伤，当时的苏常太(苏州、常熟、太仓)、澄锡虞(江阴、无锡、常熟西部)地区和吴江，都留下了他的革命足迹。包厚昌在回顾这段战争年代的经历时，曾深有感慨地说："在我的记忆中，有许多难忘的往事，时时闪耀在我的眼前，而抗日战争时期的四下江南，又是一段最难忘却的往事。"

1937 年 11 月，时年 26 岁的包厚昌随无锡抗日青年流亡服务团至新四军南昌办事处投身抗战。翌年入党后他被派回江南开展敌后武装斗争。他担任了新四军领导的江南抗日义勇军连指导员、营政委，东进江南开辟抗日游击区和根据地。1941 年皖南事变后，包厚昌担任了由地方抗日武装组建的新四军六师警卫一团政治处主任，带领部队继续在沙洲(现张家港，1940 年 12 月，中共建立沙洲县工委，1941 年 2 月，成立沙洲县政府)

一带活动。是年下半年，日伪策划了大规模的"清乡"行动，在敌我兵力悬殊的情况下，苏南东路（宁沪铁路东段两侧地区）抗日根据地遭受重大损失，新四军主力部队渡江撤到苏北，苏南的抗日斗争进入最为艰难的时期。自 1942 年底到 1945 年上半年，包厚昌不畏艰险，在党组织的指示下，多次带领部队从苏北的根据地渡江南下，侦察敌情，开展游击战，支持坚守在江南的地下抗日武装，恢复抗日政权，直至迎来抗战的胜利。

1942 年 3 月，根据新四军六师首长谭震林的指示，包厚昌带了一个侦察班，在日伪实施"清乡"后第一次下江南，目的是了解敌情，并和江南地方党组织取得联系。他们在深夜乘船过江，冲过敌人的沿江封锁线，等天亮后，化装成日伪的"清乡"队继续行路。在当时的沙洲周庄区附近，他们首次与敌人的"清乡"队狭路相逢。他们先声夺人，机智应付，使敌人信以为真，相互擦肩而过。他们层层通过敌人据点到达锡北地区，终于和坚持斗争的地下党会合。包厚昌听取了情况汇报，传达了上级指示，又安全撤回苏北。

1942 年 5 月，为打开澄锡虞地区抗战斗争局面，进行军事反"清乡"，包厚昌从警卫一团中挑选 70 多名干部战士，组成两个小连，第二次武装南下。7 日深夜他们从张黄港出发，第二天早晨到达沙洲七圩港，登陆后在锦丰店岸附近宿营。由于人多目标大，被敌人发现，遭到日伪军的大规模合围。包厚昌率部浴血奋战，冲出敌人包围，边打边行，途经江阴陆家桥、锡北严家桥、虞西顾山等地，13 天中连续打了 15 仗。后来部队决定分散行动，包厚昌带人利用河湖港汊与敌周旋，坚持对敌斗争至 11 月初，奉命撤回苏北。这次南下，历时 7 个月，在严酷的武装斗争中，随包厚昌南下的一些战友献出了生命。但这次行动对大肆吹嘘"清乡"成绩的敌人是一个沉重打击，扩大了共产党新四军在群众中的政治影响，江南的地下党组织在恶劣的环境中逐步得到恢复和发展，为夺取抗战的胜利打下了坚实的基础。

在随后两年的斗争中，包厚昌他们隔江向苏南的日伪军开展了政治攻势。大量抗日的宣传品，整捆整捆地秘密运到江南，通过各种途径张贴和散发，在江南城乡广泛流传，影响强烈。人民群众欢欣鼓舞，日军汪伪坐卧不安。其中最引人瞩目的是 1944 年以新四军第六师"江南挺进支队支队长包厚昌"名义散发的布告：

> 本军挺进江南，解放人民苦难，
>
> 恢复抗日阵地，保卫祖国河山！
>
> 凡我江南同胞，须知天将破晓，
>
> 天下大势已定，最近胜利快到。
>
> 意国早已投降，德寇今年打败，
>
> 盟军就要总攻，敌汪即将死亡。
>
> 大家一致奋起，切勿犹豫观望，
>
> 配合本军抗战，争取自由解放。

1944 年 10 月，抗日战争的局势起了很大的变化，根据斗争的需要，中共苏中区党委决定把原来的澄锡虞和苏常太两个中心县委合并为苏中六地委，并成立专员公署和苏中第六军分区，包厚昌任军分区司令。1945 年 1 月，他带了一个警卫班又一次渡江南下。当时无锡、常熟一带爆发了群众自发的先天道农民暴动，包厚昌与地方党组织研究后，决定对先天道采取"联络其上层，争取其中层，控制其下层"的方针，并提出"保村庄、保太平、打鬼子、打土匪"的口号，把农民的自发斗争引导到反对日伪、反对顽军的正确方向上来。在农民暴动中，一些积极分子加入了中共领导的抗日武装，六分区逐渐恢复县、区、乡的抗日民主政权，江南抗日斗争又出现了新的局面。

1945 年 6 月，包厚昌回苏北带了一个连的主力部队，第四次渡江南下，发动和协助江南地方组织，进一步恢复和重建苏南东路抗日根据地，迎接抗战的最后胜利。但抗战胜利后，国共和谈，为了照顾大局，忍让团结，遵守双十协定，在苏南的新四军又一次渡江北撤。包厚昌这次南下一个连只有百余人，于 11 月撤回苏北时，发展成千余人。

包厚昌《四下江南》书影

解放战争时期，包厚昌先后在中共华中一地委、华中十地委、江南工委担任党和军队的领导工作。这期间他又数次下江南，率领武工队在苏常太开展武装斗争，发动群众抗租反"清剿"，隐蔽吴江领导白区的地下斗争。1949 年 4 月他随解放大军渡江作战，接管新解放的无锡市。

参考文献：

1. 包厚昌：《四下江南》，无锡人民出版社，1959 年版。

2. 包厚昌：《包厚昌回忆录》，内部资料，1990 年版。

3. 无锡新四军历史研究会、中共无锡市委党史工作办公室：《包厚昌纪念文集》，江苏人民出版社，2001 年版。

薛永辉冲山反围困

冲山是位于吴县（现苏州市吴中区）光福镇以西太湖中的一个小岛，抗战时期，中共苏西县委书记薛永辉与部分同志曾在这里被日伪军优势兵力围困，薛永辉等人以惊人的毅力，隐蔽芦苇丛中坚持斗争 20 天后脱险，粉碎了敌人"剿灭"苏西太湖地区抗日武装的图谋，在苏州抗日斗争史上写下光辉的一页。

薛永辉

薛永辉(1911—1997)，原名张其楠，无锡洛社人。早年在无锡就读中学时就积极参加进步学生运动，1926 年加入共青团，翌年转为中共党员。他在党的领导下，以小学教师的公开身份，在无锡从事革命活动。1931 年九一八之后，薛永辉又投入了抗日救亡运动。1936 年夏他参与组织了抗日救亡团体无锡学社，同年 12 月被国民党当局取缔而被捕入狱，直到 1937 年 8 月获释。无锡沦陷后，薛永辉奔赴延安，1938 年 4 月进抗大第四期学习。同年 10 月奉命返回苏南地区工作，历任新四军指导员、教导员，地方抗日武装负责人，县委书记等职，在日伪和国民党反动派统治的苏锡太湖地区，坚持敌后武装斗争长达十余年。

1944 年下半年，全国抗战形势发生重大变化。中共苏西县委为更广泛地动员群众，壮大抗日力量，迎接抗战胜利，决定在冲山岛举办一期民兵骨干训练班。冲山岛面积不足 3 平方公里，住有百来户农、渔民，地理位置偏僻，是共产党领导的抗日游击队的主要宿营点之一。薛永辉时任县委书记和由苏西武工队改建而成的太湖独立救国军司令。9月9日上午，薛永辉和邓尉区行政办事处副主任黄惠群等县区干部、各区民兵骨干共50余人集中于冲山岛。下午4时许，由于叛徒胡文仁(武工队司务长)的告密，驻吴县光福、木渎共300余日伪军乘汽艇突然包围了冲山岛。冲山岛四面环水，训练班的人员一时难以组织突围，薛永辉当即决定，分组上山或下芦苇荡，在群众掩护下，先隐蔽起来。

前来偷袭的日伪军上岛后即开始大搜捕，当天已有十余人被捕。日军没有抓到薛永辉等重要干部，增调兵力在岛上严密监视，在湖中用汽艇日夜巡逻，把冲山岛围得像只铁桶一样水泄不通。冲山岛四周的浅水滩涂上长满了茂密的芦苇，薛永辉等人都分散隐藏在芦荡中。日军搜捕的目标也盯住了这一大片芦荡。日军强逼冲山群众集中于湖滩头，将运来的一桶桶汽油往芦苇上倾倒后并点燃。谁知9月的芦苇正值生长旺盛期，待汽油烧光，那片青青的芦苇仍挺立在浅水湖滩中。日军又逼迫冲山群众拿着竹竿、扁担等长条器物，排成"一"字队形，自里向外地将芦苇成片压伏，使藏在芦苇丛中的游击队员和民兵暴露被抓。但在群众的掩护下，敌人的阴谋仍未能得逞。日军遂下令冲山群众一律不得下湖捕鱼，并增派岗哨，将芦荡严密封锁起来，从而将被围者困死。开始几天，冲山群众曾趁雨夜将山芋、锅巴等食物送进芦苇中，但被日军发现后都被抓挨打。待日军增岗封锁芦荡后，群众再也无法与芦荡中的人取得联系了。

隐蔽在芦荡中的干部和民兵处在危难之中。部分水性较好的人在头几天趁雨夜泅水突出了重围，部分人被日伪军抓获。7天过后日军已在冲山抓捕 40 余人，芦荡中仅剩下薛永辉、民兵李兴根及王坚、严月洛、张云三名女干部共 5 人。他们日日夜夜在湖水中泡，烈日中晒，雨水中淋，皮肤都已浮肿起泡。又有蚊蝇、蚂蟥叮咬，奇痒难忍，挠破了又溃烂化脓。起先，他们还能在田埂、土墩上找到冲山群众送来的干粮果腹，日军对芦荡严加封锁后，他们只好挖芦根、折荷叶梗、捋稻谷赖以充饥。为了不被敌人发现，他们还不得不时常转移宿营地，甚至蜷宿于蒺藜丛中。即使如此艰苦，但 5 人意志坚定，仍顽强坚持隐蔽在芦荡中。

冲山岛外苏西县委的其他县区干部十分担心被困在芦荡中的薛永辉等人的安危，他们曾设法派小船前去营救，但均未找到薛永辉等人踪迹。后来，他们通过光福秘密交通联络站做伪军家属工作，放出"薛永辉已利用水车突围出冲山"的消息，动摇日伪军军心。中共太滆地委也与新四军取得联系，派独立二团一部在冲山外围游弋、佯攻。在这种情况下，日军才无奈地于 9 月 29 日清晨悄悄地撤离了冲山岛。同日上午，薛永辉等人被冲山群众从芦荡中救出，又回到抗日队伍之中。薛永辉等人脱险，使太湖地区人心振奋，增强了当地民众夺取抗战最后胜利的信心和决心。

不久，中共苏西县、锡南县和马山区的党组织合并成立太湖县委，薛永辉担任了新组建的中共太湖县委书记、太湖县行政办事处主任，兼任由锡南、苏西两地抗日武装合并扩建的新四军太湖县总（纵）队政委。抗战胜利后，新四军主力北撤，他奉命留守苏南，任中共太湖县特派员兼太湖县留守处主任、武工队长，积极开展秘密工作和武装活动，实现了迎接解放军南下并胜利会师的任务。1949 年 4 月，无锡解放，薛永辉被任命为无锡县人民政府首任县长。后来他从事经济工作，历任苏南行署工业处副处长、上海市化工原料工业公司经理、上海吴泾化工厂厂长、上海化工专科学校校长等职。

共产党领导的太湖游击队以及薛司令冲山突围的故事在当地民众中广为传颂。现在冲山建有"冲山之围纪念碑"、新四军太湖游击队纪念馆，成为缅怀革命先烈、开展革命传统教育的基地。

新四军太湖游击队纪念馆

参考文献：

1. 苏州市新四军暨华中抗日根据地研究会：《新四军太湖游击队创建和发展》，内部资料，2009 年版。

2. 中共苏州市吴中区委宣传部：《烽火太湖——新四军太湖抗日游击支队史》，内部资料，2011 年版。

谭启龙与南丰之战

谭启龙(1913—2003)，江西永新人，少年时代即参加井冈山革命斗争，1928年加入共青团，1933年转为中共党员。新中国成立后曾担任浙江、山东、青海、四川的省委书记，中共中央顾问委员会委员等职。抗日战争时期，谭启龙在苏、皖、浙等地抗日根据地工作。抗战胜利后，他曾指挥新四军苏浙纵队在沙洲(现

谭启龙

张家港市)南丰镇与国民党部队进行了一场激战，粉碎了国民党袭击和围歼新四军的图谋。

1945年10月，中国共产党执行国共两党《双十协定》，主动让出南方8个解放区，将解放区内的人民军队撤往苏北、皖北和陇海路以北地区。谭启龙此时担任新四军苏浙军区第二纵队政委，奉命率领部队从浙东地区出发北撤。国民党背信弃义，对新四军北撤部队一路上南追北堵，东西合击，妄图乘机将新四军围歼于江南。谭启龙和纵队参谋长刘亨云率领的部队有纵队机关和所属第三支队、金萧支队和警卫大队等五六千人，刚从浙东出发，便连续数次遭到敌人5个师、7个团的围追堵截。谭启龙部队临危不惧，沉着应战，击退敌人的多次合围，在险境中向北跋涉，于10月20日经常熟到沙洲(现张家港)，当晚宿营于南丰镇，准备从沙洲渡江北撤。

国民党第三战区秘密下令国民党别动队第十三纵队司令熊剑东在常熟一带再次对苏浙纵队进行拦截和围歼。熊剑东原是汪伪中央税警团团长，日本投降后，伪中央税警团被国民党收编为别动队，熊剑东摇身一变成为国民党的纵队司令。熊剑东自恃人多枪多，不把新四军苏浙纵队放在眼里。他原以为新四军要从常熟福山港口渡江，于是先把部队拉到福山，以守株待兔之势设下包围圈。不料谭启龙率领部队到常熟后直插沙洲，夜宿南丰。熊剑东失算扑空，急忙纠集其伪税警团旧部以及原"忠义救国军"等乌合之众2000余兵力，于20日当夜兵分三路，气势汹汹向南丰镇发起进攻。

军情异常险恶，谭启龙一面命令部队加强警戒，一面派人深入侦察，摸清敌人底细，在明了敌情后制订出周密的反击计划。苏浙纵队决定由金萧支队负责警戒任务，三支队和警卫大队分别向南和向东出击。21日凌晨，在谭启龙亲自指挥下，苏浙纵队开始自卫反击。新四军战士奋不顾身，英勇出击，直插敌人阵地。熊剑东原以为北撤的新四军人少装备差，长途行军作战后体力不支，谁知出击的新四军战士如猛虎下山，国民党部队一下子被打得晕头转向，不得不狼狈逃窜。战斗结束，苏浙纵队毙敌数十人，俘敌百余人，并缴获大批枪支弹药。这次战斗是抗战以来发生在沙洲境内双方参战人数最多、规模最大的一次战斗。

当天下午，谭启龙率领苏浙纵队从南丰继续行军，到达大新乡年旺街。此时，中共苏中六地委书记钱敏和六分区司令包厚昌率部队从无锡赶到沙洲接应，同谭启龙部队胜利会师。第二天，六分区部队和中共沙洲县委一起，在年旺街召开军民大会，欢迎远道而来的新四军苏浙纵队，共庆南丰之战的胜利。沙洲人民杀猪担酒，热情慰问子弟兵，沙洲县政府还拨出一大批粮食，补充部队给养。苏浙纵队也向沙洲县政府赠送许多枪支弹药，装备沙洲地方武装。次日，苏浙纵队在沙洲军民的帮助下，从七圩港至护漕港之间的各个港口安全渡江北撤。

20 世纪 80 年代，张家港市的中共党史编写人员赴济南采访已离休的谭启龙，他挥笔题写

南丰之战纪念碑

了"南丰之战" 四个大字相赠，以作纪念。2005 年 11 月，为纪念南丰之战胜利 60 周年，南丰镇政府在镇区建立了"南丰之战纪念碑"。

参考文献：

1. 谭启龙：《谭启龙回忆录》，中共党史出版社，2003 年版。

2. 中共张家港市委党史地方志办公室：《中共张家港（沙洲）地方史第一卷》(1919—1949)，中共党史出版社，2005 年版。

张云曾古城迎解放

张云曾(1912—1962)，原名张振华，江苏句容人。中学时期因参加革命活动而辍学。抗战时在上海积极参加抗日救亡运动，后投身江南抗日武装部队，曾任新四军江南抗日义勇军第四路第二支队支队长，1938 年 7 月加入中国共产党。翌年当选为中共七大代表赴延安。解放战争时期到上海从事地下工作。

张云曾

1947 年 8 月张云曾奉命到苏州，成为苏州地下党组织最后一任书记。他和坚守在古城的党员同志不顾自身安危，在国民党统治的重点城市内开展革命活动，为迎接苏州的解放做出了重要的贡献。

张云曾到苏州前，在上海浦东从事地下武装斗争。他化名"老金"，在十分艰险的情况下，发动群众，开展工作，扩大了游击队，遭国民党政府悬赏通缉。1947 年秋解放战争进入关键时期，国民党强化了管辖区内的统治，苏州地下党的一些同志上了军警的黑名单。为了安全，上级党组织将这些同志予以调离。其时张云曾在浦东脚上受伤，组织上将他调往苏州。1948年 1 月，中共上海局外县工委决定将苏州县委改建为苏州工委，张云曾担任书记，孔令宗、陶掌珠(女)为委员。张云曾到苏州先以养病为由住在舒巷，后转移至剪金桥巷。为了掩护，他与工委同志在苏州开了一家小袜厂，作为工委机关的活动据点。原是中共苏州县委委员的孔令宗当时在从云小学任校务主任，后来就离开学校经营袜厂，党内分管苏州职工工作。陶掌珠到苏州后的身份是从云小学教员，党内分管组织、文教工作。不久，组织上又调马崇儒到苏州任工委委员，分管青年学生工作。张云曾后来与陶掌珠成为革命伴侣，结为夫妻。

在人民解放军转入战略反攻的阶段，中共中央及时发出《关于在蒋管区的工作方针和斗争策略和指示》，号召各地"利用合法形式，力求从为生存的基础上，建立反卖国、反内战、反独裁与反特务恐怖的广大阵线"。张云曾与苏州工委认真贯彻这一方针，团结群众，在职员工人中开展反饥饿、争生存的斗争，在学生中开展了救济清寒学生的劝募助学活动。张云曾直接联系领导吴县总工会中的地下党员，并通过他们团结争取总工会中的核心领导人，以此把握总工会的实际动向。1948 年 8 月，苏州工委通过吴县总工会发动各业工人相继提出增加工资底薪的要求。工人一方面与国民党吴县政府以及资方进行谈判说理，一方面举行怠工、罢工斗争，最后达成了解决苏州工人工资的原则协议，加薪要求基本上得到满足。斗争不仅维护了工人的物质利益，在政治上也揭露了国民党政府压迫人民群众的真面目。苏州工委同时在斗争中锻炼了党员，提高了群众觉悟，并发展了一些积极分子加入党的组织，为迎接苏州解放进行各方面的准备工作。

1948 年底至 1949 年初，人民解放军三大战役的胜利，大大加速了解放全中国的进程。解放军饮马长江北岸，策应大军南下迎接苏州解放，成了地下党的中心任务。当时苏州城区的中共地下党组织另有由上海学委领导的苏州学生工委在开展活动。1949年2月上旬，根据上海局指示，苏州学生工委的党员组织关系全部移交给苏州工委。至此，苏州城区的地下党组织全部统一了起来，张云曾的工作任务也更重了。

苏州工委发动所属党组织通过各种关系，对苏州国民党党政机关、工厂、企业、商店、学校及国民党驻军等情况，进行全面深入的调查，指定专人分类整理，交上级组织送往苏北解放区。这些资料为解放军解放苏州后接管政权发挥了重要作用。

当时苏州工商、文教界一些人士由于不明形势，不了解共产党的政策，心有疑虑，惶恐不安，去留举棋不定。苏州工委采取各种方式，加强宣传工作，发动政治攻势。张云曾亲自布置地下党员秘密收听新华社广播，将国内战况和中央的政策、通告等记录下来，秘密印刷成传单，分送各界人士。通过宣传，对共产党心存疑虑的人开始消除误解，愿意留在苏州。有些国民党政府部门的官员了解了形势的真相，思想也有了分化。

张云曾非常重视党的统一战线工作。1949年1月28日，他以"中国人民解放军江南挺进纵队特派员"身份，在地下党员的联系下，在丝织业公会约见了苏州工商界代表人士陶叔南、张寿鹏和朱宏涌，向他们宣传形势和党的政策，进一步消除疑虑，并推动县参议会成立吴县人民安全促进会和应变委员会，组建工商自卫队，控制粮食等战略物资，积极开展护厂护店，迎接苏州解放。2月6日，工商自卫队成立，在新中国成立前夕派驻电厂、电信局，协助地下党保护这两个单位，并在解放军进城前的几天中，巡逻值勤，维护了社会秩序和地方治安。

4月20日，人民解放军发起渡江战役，为迎接苏州解放，工委在志成小学内建立总指挥部，张云曾坐镇在那里，指挥地下党的所有同志，带领全市人民护厂、护校，保护苏州古城。27日晨，解放军进入苏州，全城电话、电力都没有中断，工厂商店照常开工营业，古城基本上完好无损回到人民手中。当日，新成立的苏州市

志成小学

军管会、苏州市委的领导人韦国清、惠浴宇等在鹤园会见了苏州地下党组织的负责干部，张云曾汇报了苏州的情况和地下党组织的工作。

苏州解放后，张云曾担任中共苏州市委副书记兼组织部部长。经市委研究，地下党其他人员都做了适当的工作安排，和南下干部融为一体，一起进行苏州的接管工作。至此，苏州"地下党"的使命即告结束，"地下党"成为一个令人感到神秘的历史名词。

张云曾1951年调上海工作。1953年调任全国总工会干校党委书记。1954年调第五机械工业部，先后在部属三七五厂、八四五厂工作。1962年在上海病逝。

参考文献：

1. 苏州市地方志编纂委员会：《张云曾》，载《苏州市志》第 13 卷人物传，江苏人民出版社，1995 年版。
2. 孔令宗：《我的前半生经历》，内部资料，2005 年版。

惠浴宇三进苏州

惠浴宇（1909—1989），江苏灌南人，1928 年加入中国共产党。1949 年 4 月苏州解放后，他是第一任苏州市委书记兼人民政府市长。后来曾任苏北行政公署主任、南京市委书记兼市长、江苏省委副书记、省长等职。在惠浴宇的革命生涯中，有着三进苏州的传奇经历。

新四军时期的惠浴宇

第一次到苏州，惠浴宇是无业难民。1929 年 5 月，入党不久的青年学生惠浴宇担任苏北海州东海中学的支部书记。他领导进步学生开展了与国民党所主持的反动校方进行斗争的学潮，后来在上级党组织的指示下，又策划举行反抗国民党当局的大村农民暴动。这些斗争虽然在敌强我弱的形势下遭到血腥镇压而失败，但播下了革命的火种。国民党当局为此发出了抓捕惠浴宇的通缉令。这一年下半年，他与一位同伴不得不离开家乡逃亡上海。但在上海一时和党组织接不上头，他们就到苏州投奔了一位打工的老乡。这位老乡住在苏州留园、西园附近河边的小棚子里，靠卖烧饼、牛肚、炒辣椒等谋生，生活也很艰难。那时自行车还是很时髦的新玩意儿，惠浴宇就每天花一毛钱租辆自行车，骑到国民党驻军的南兵营，教当兵的骑车，等到兵营开饭就一起混点东西吃。回来先到河里洗一把澡，到西园庙里找个没人走路的地方睡一觉。

这是一段十分落魄的人生经历。就这么混了些日子，同伴耐不住了返回家乡，惠浴宇坚持到上海找党组织。历尽艰辛，他终于回到革命队伍之中。

第二次到苏州，惠浴宇是政治囚犯。1930 年 4 月底，惠浴宇在上海参加纪念五一劳动节的革命活动时，被反动军警抓获。当时他化名周兴然，正担任闸北区中华艺术大学的中共党支书。国民党法院最后判处他有期徒刑 9 年 11 个月，不久即从上海移押苏州监狱。在他的记忆中，"苏州监狱是泥巴地，小窗子有两人高，黑暗、潮湿、阴冷，监狱当局又本性凶残。"惠浴宇在苏州关押两星期后，因刑重，又被押解南京的中央军人监狱，直至 1937 年抗战全面爆发前夕获释。

第三次到苏州，惠浴宇成为苏州解放后的首任中共市委书记兼市长。1949 年 4 月解放军在准备横渡长江时，同时做好接收新中国成立后的大中城市的准备。惠浴宇时任解放军三野十兵团二十九军政治部主任，党中央决定他到江南后调任苏州的党政领导岗位。是年 4 月 21 日，惠浴宇随十兵团政治部主任刘培善一起过长江，随即日夜兼程赶往苏州。他们从江阴急行军到沪宁铁路沿线，乘上一列火车在枪声中向苏州开。但由于铁路被毁无法再行，在

新中国成立初期苏州市人民政府

黑夜中弃车找了一条木船从水路继续赶往苏州。新中国成立后苏州的第一任市委书记兼市长就是这样乘着小船，迎着枪声，在晨曦中登上苏州胥门小码头上任的。

惠浴宇这次进城最初住在道前街原吴县县政府的房子里，新的市政府就设在他住的地方。不久市政府搬到也是在道前街上的原江苏省高等法院的旧址。4月30日，苏州市军事管制委员会、苏州市人民政府、苏南苏州行政区专员公署对外公开正式成立，当天颁布布告：韦国清为市军管会主任，惠浴宇为苏州市市长，李干成为苏州行政区专员。苏州解放时，国民党旧政权留下的是一副疮痍满目烂摊子，政治情况复杂，社会秩序混乱，物价疯狂上涨，城乡经济萧条，失业人员众多，人民深受苦难。苏州民众热切盼望共产党在取得军事上的伟大胜利后，能尽快地把社会治安和人民生活稳定下来，迅速恢复发展经济，改善生活。接管工作千头万绪，但在新的党政领导班子的努力下，忙而有序。南下干部和地下党同志会师，团结一致，维护社会治安、肃特清匪反霸、整顿金融秩序、恢复工农业生产、发展文教事业等都有新的进展。苏州这座千年古城，从此揭开了新的历史篇章。

刚进城，惠浴宇没想到在工作的同时，自己也有一个吃饭问题。由于没有带炊事员，头一天进城就饿肚子，以后几日天天买大饼油条充饥，还是吃不饱。后来任苏州地委书记的宫维桢带了地委的人员到苏州，其中有了炊事员，他才算搭上伙有了吃饭的地方。惠浴宇曾经在晚年的回忆录中写道："三进苏州，三次饿饭，唯有第三次是自觉自愿，虽饿心中却坦然。"

　　1949 年 8 月，当韦国清、刘培善等率大部队南下后，惠浴宇以苏南区党委委员的身份接任韦国清所担任的苏州市军管会主任，由周一峰接任市委书记，王东年接任市长。1950 年 4 月，惠浴宇奉命调任苏北行政公署主任，就又一次离开了苏州。

参考文献：

惠浴宇口述，俞黑子记录整理：《朋友人》，江苏人民出版社，1996 年版。

苏州市军管会主任韦国清

韦国清(1913—1989)，人民解放军开国上将，广西东兰人。出生于一个贫苦的农民家庭，1929年参加了广西百色起义，成为共青团员，1931年在红七军时转为共产党员。后参加了长征，奋斗在抗日战争和解放战争的战场上。新中国成立后，曾应邀去越南担任中国军事代表团团长。此后，他曾任广西省省长、广西壮族自治区

韦国清

第一书记、广东省委第一书记、解放军总政治部主任、中央军委副秘书长、中央政治局委员、全国人大常委会副委员长、全国政协副主席等职。1949年4月苏州解放，韦国清是第一任苏州市军事管制委员会(简称军管会)主任。他领导了苏州在解放初期城市的接管和人民政权的建立等工作，为江南古城的新生做出了贡献。

1949年4月27日晨，由叶飞任司令员的人民解放军第三野战军十兵团部队进入苏州，古城人民获得了解放。当天下午，时任十兵团政委的韦国清在苏州市区的鹤园内，会见了接管苏州的南下干部和苏州地下党的领导同志，商讨接管工作。根据人民解放军华东军区的命令，苏州市成立军管会，委员有韦国清、叶飞、陈庆先、刘培善、朱绍清、陈美藻、宋季文、惠浴

宇、宫维桢、许亚、李干成、林修德等 12 人，韦国清任主任。军管会是人民解放军在新解放地区建立的临时过渡性政权，亦是该地区临时的最高权力机关。1949年4月1日，华

苏州军管会时留影（后排左起：苏州地下工委书记张云曾、韦国清、苏州军分区司令王治平、苏州军分区政委周一峰）

东局根据中央的决策，曾做出《关于接管江南城市工作的指示》，要求在新解放的人口在 5 万以上的城市或工业区，均应实行一个时期的军事管理制度。

军管会人员由攻城部队直接最高指挥机关军政负责同志与地方党政若干负责人组成，凡入城部队及党政军民机关和各接管工作人员，均须接受军管会的统一指挥。"军管会的基本任务是镇压反革命分子活动，肃清反动武装的残余势力，恢复并建立革命秩序，保护人民生命财产及一切正当的权利，建立革命政权，保证城市政策的正确执行与有秩序地进行各种接管工作，协助工人、职员、学生及其劳动群众组织起来，作为城市革命政权可靠的群众基础。"建立军管会是中国共产党在新解放地区接管旧政权的成功经验。30 日，以韦国清名义发布了苏州市军

管会第一号布告，对外正式宣告军管会的成立以及职权。苏州市人民政府、苏南苏州行政区专员公署同日宣告成立。

军管会驻地在古城饮马桥南的"天香小筑"（曾是汪伪江苏省长李士群的公馆，新中国成立后归党政机关使用，后为苏州市政府驻地，现归苏州图书馆）。5月1日，接管工作就正式开始，军管会分设了军事、政务、公安、文教、财经和公共房产管理委员会等部门，负责对口系统的接管任务。地、市党委、政府各部门的干部及原地下党的同志，一起穿上军装，按照分工，配合军管会人员进驻各系统工作。在韦国清主持的军管会领导下，接管国民党旧政权的各项工作紧张有序进行。

接管工作是在国民党旧政权留下的烂摊子上进行的。当时苏州社会秩序混乱，物价飞涨，经济萧条，失业人员众多。城内滞留着国民党军队的数千游兵散勇，扰民生事。国民党特务组织在溃逃时又有计划地潜伏了一批人员，他们与惯匪流氓、道门帮会互相勾结，进行各种破坏活动，严重威胁着新生的人民政权的巩固。军管会采取了军事政治双管齐下办法，一方面领导公安部门，在人民群众的支持配合下，对反动武装残余势力以及刑事犯罪活动，予以严厉打击；一方面颁布布告，命令反动党、团、特分子和游兵散勇要向市公安局和苏州市警备司令部登记，限期上缴枪支弹药，从而社会治安有了明显好转。

稳定金融，平抑物价，是人民政权面临的又一重大挑战。新中国成立前夕，在国民党统治区普遍因物价飞涨而出现黄金银圆的投机市场。5月5日，韦国清签发了军管会布告，宣布国民党政府发行的金圆券限于5月13日起停止流通，以人民币为合法流通货币。但一些不法投机商趁人民币刚刚进入市场以及物资匮乏的暂时困难，炒卖银圆，导致银价、物价的又一次猛涨。5月10日，韦国清在全市干部会议上对银圆问题做了专门讲话，指出银圆投机对苏州经济的严重影响，并决定要予以狠狠打击。军管会公安部会同警备部队以及市政府工商财税等部门调动力量，武装包围了银圆贩子集中的场所，取缔黑市交易，对贩卖的银圆依法登记收兑。市政府积极调运物资到苏州，满足人民生活需要，平抑物价。根据国家命令，禁止银圆在市场流通。党和政府所采取的一系列有效措施，彻底结束了始于国民党统治时期的恶性通货膨胀，开始经济的进一步恢复和发展。

据当时在军管会当文书收发的张季良回忆，韦国清平时在军管会本部处理重要公务，很少抛头露面；长着一张国字脸，每天一副不苟言笑的样子，有着一种让人敬畏的儒将威严，工作人员都称韦国清为 202 首长。张季良有时转送信件给他，韦国清都会直接拆封查阅，并在原信封上签上姓或姓名，再退回送信的工作人员。韦国清的签名比较有特点，"韦"字写得像个"中"字，"国"字就是一个长长的方框框。每次在大会做报告之前，韦国清都会在二楼的走廊里来回踱步，思考和默念。张季良等工作人员只要看到他在窗口晃动的身影，就知道韦国清是在准备讲话稿。韦国清时年 36 岁。

据当时苏州的地下党员金重固回忆，他曾参加了在军管会召开的一次招待会。会议由韦国清主持，与会人员有南下干部和地下党干部各数十人。韦国清虽为率领解放军十万雄师的高级将领，但态度平易近人，穿的也是布料军衣，进场后就微笑着和大家打招呼，讲话时首先向与会者敬礼，强调来自不同地区的同志要加强团结，努力工作。军管会会场布置很简单，只是普通会场的桌椅，桌上每人一杯清茶、一摊花生米和一些水果硬糖，然而会场上洋溢着同志间真诚浓厚的感情和革命队伍里斗志昂扬的气氛。

韦国清担任苏州军管会主任期间，解放战争仍在继续。5月8日至27日，粟裕、张震率领三野指挥机关驻苏州金城新村，指挥了解放上海的战役。十兵团是上海战役的主要参战部队之一，身为兵团政委，部队工作依然是韦国清的主要职责。苏州是上海战役的后方基地，要承担重要的支前任务。因此，韦国清的工作之繁忙是可想而知的。在军管会以及新成立的苏州地、市党委、政府的共同努力下，苏州城市的接管工作在5月底6月初便胜利结束，社会治安、拥军支前、恢复经济、建立基层人民政权等各项工作也进展顺利，从而为建设一个人民的新苏州，打下了初步的基础。

上海战役结束后，根据中央命令，叶飞、韦国清率十兵团进军福建。十兵团的部队在苏州地区进行了休整后，于7月初离开苏州南下。至9月，华东军区下令，由原十兵团二十九军政治部主任、苏州市委书记兼市长的惠浴宇接任苏州市军管会主任。

参考文献：

1. 中共东兰县委党史研究室：《开国名将韦国清》，中共党史出版社，2009年版。

2. 中共苏州市委党史工作办公室：《苏州城市接管与社会改造》，中共党史出版社，2009年版。

3. 苏州市政协文史委、苏州日报社：《亲历苏州解放》，广陵书社，2010年版。

粟裕在苏州指挥战上海

粟裕（1907—1984），人民解放军开国大将，湖南会同人，1927年加入中国共产党。他是解放战争时期淮海战役、上海战役等一系列重大战役的指挥者，新中国成立后曾任解放军总参谋长、中共中央军委常委、全国人大常委会副委员长等职。1949年5月，粟裕在苏州古城运筹帷幄，直接

解放战争时期的粟裕

指挥了解放上海的战役并取得胜利，在苏州革命史上也留下光辉的一页。

1949年4月21日，中国人民解放军百万雄师突破国民党军队的长江防线，以秋风扫落叶之势，迅速向江南地区追歼逃敌。4月27日，苏州宣告解放。在中央军委和总前委的领导下，5月8日，解放军第三野战军指挥机关在粟裕副司令员和张震参谋长的率领下，从常州移驻苏州市金城新村，在此直接指挥了解放战争期间具有划时代意义的城市攻坚战——上海战役。

上海是中国最大的工商业中心城市，又是当时国民党反动派在其核心统治地区赖以顽抗的最后堡垒，敌军以20余万重兵把守。遵照中央军委制定的既要消灭敌人解放上海、又要尽量完整地保护上海的作战总方针，粟裕等三野领导人决定采取钳形

攻势，制定了从浦江两岸夹击吴淞口，逼敌退出市区，从而在吴淞口周围聚歼敌军的具体作战方案。5月10日，三野在苏州发出了《淞沪战役作战命令》。12日，解放上海的战斗正式打响，解放军在上海外围向敌军发起进攻。敌军凭借碉堡群和海空军的援助疯狂顽抗，战斗异常激烈。粟裕、张震等在苏州，夜以继日紧张指挥；指战员们在前线浴血攻坚，奋不顾身英勇杀敌。随着敌军在市区的兵力日见空虚和解放军接管上海准备工作的就绪，5月21日，三野在苏州发出了《淞沪战役攻击命令》，在中共上海地下党组织的配合下，解放军发起了解放上海的总攻击，迅速向市区推进。26日，陈毅率接管上海的干部队伍进

上海战役指挥机关旧址

入市区，三野在苏州又下达了《淞沪警备命令》。27日，解放军全歼上海市区守敌，解放了大上海，并且完整地保护了城市建筑和市政设施，上海战役胜利结束。当日晨，粟裕、张震离开苏州进驻上海。这次战役共歼灭敌军15万余人，解放军也有数千指战员英勇牺牲。上海的解放，正如当时新华社评论所指出的，标志着中国人民无论在军事上、政治上和经济上，都已经打倒了国民党反动派，已经确立了民族独立的基础，上海的解放在中国人民的解放事业中具有特殊重要的意义。

在上海战役的进程中，刚获解放的苏州发挥了重要的作用。

苏州不仅是三野上海战役指挥机关的所在地，而且是解放军参战部队的后方基地之一。当时三野十兵团十多万人驻扎在苏州地区，参战部队的集结、调动、战前动员、政策和纪律教育，以及部队的给养供应等，都在苏州驻地进行。在上海战役的准备、发动和进行期间，苏州各界人士捐助粮草，修路架桥，保障后勤，积极支援前线，为上海的解放做出了尽最大努力的贡献。而且，这一切都是在新生的苏州百废待举的情况下进行的，充分显示了苏州人民高度的革命热情和对人民解放战争的拥护，对人民子弟兵的爱戴和支持。

在 20 世纪 90 年代，有苏州市民致函市委领导，提供上海战役指挥机关旧址的线索，并建议苏州市政府要把旧址作为革命历史遗迹妥加保护。中共苏州市委党史办随即开展了深入的调查，初步认定三野指挥机关的首脑部门当时驻金城新村。亲历解放战争烽火的苏州市新四军暨华中抗日根据地研究会的老同志积极参与了这段史实的调查，做了大量工作。研究会邀请了当时任三野司令部作战参谋的黄野松莅临苏州，实地进行踏勘。黄野松认出五卅路 96 号大院内最南端的那幢老楼，就是上海战役期间三野首长的宿舍兼办公之处。指挥机关的旧址由此得到确认。

苏州市金城新村建于 20 世纪 30 年代中期，由多幢两层单体的西式住宅楼组合而成，最初是金城银行在苏州的职员公寓。其建筑在粉墙黛瓦的古城别具一格，是苏州近代新式住宅中很有代表性的一个实例。现保护完好，已列为苏州市级重点文物保护单位。为了纪念这一在苏州革命史上也具有重大意义的旧址，2003 年 5 月苏州市人民政府在此树立了"上海战役指挥机关旧址"纪念碑，这是对粟裕等老一辈无产阶级革命家的怀念，也是对为中国人民解放事业光荣献身的众多英烈的怀念。翠绿丛中一方庄重的石碑，使苏州古城内这处著名的近代建筑增添了革命历史遗迹的光彩。

参考文献：

1.上海警备区、中共上海市委党史资料征集委员会：《上海战役》，上海学林出版社，1989 年版。

2.粟裕传编写组：《粟裕传》，当代中国出版社，2000 年版。

3.中共江苏省委党史工作办公室：《粟裕年谱》，当代中国出版社，2006 年版。

后　记

　　由于我曾在中共苏州市委党史工作办公室工作，有机会接触和搜集了一些苏州党史人物的资料。在市委党史工办领导的鼓励和支持下，现将这些资料进行整理、考证和编写，以《苏州党史人物春秋》的书名公开出版，以期望能抛砖引玉，对挖掘和宣传苏州党史文化贡献一点绵薄之力。

　　本书是一本地方党史的普及性读物，所写人物范围以党所领导的革命年代与苏州有关的为限，人物史实仅撷取有代表性的大事加以叙述，有别于完整的人物小传。本书写作避免文学性虚构，叙述力求言之有据，不敢杜撰。为方便读者参考和探讨，文末注明主要参考文献的出处。每位人物均配有数幅图片，以增强可读性，大部分图片采自苏州党史部门出版的书刊。人物排名不分先后，大致按照其人涉及苏州的活动时间为序。

　　在搜集资料和编写过程中，得到苏州市党史工作的同事以及市档案馆、市图书馆等相关部门的大力支持和帮助。谨向所有给予帮助的单位和同志一并表示衷心的感谢。中共苏州地方史内容丰富，人物众多，本书所记仅是其中的一小部分；又限于作者的学识水平，所叙史实难免出现疏漏和差错，敬请读者批评指正。

王　琛